Manfred Flügge

Notizen zu Napoleon

aufbau

Manfred Flügge

Notizen zu Napoleon

aufbau

Mit 30 Abbildungen

MIX
Papier aus verantwortungsvollen Quellen
FSC® C083411

ISBN 978-3-351-03472-6

Aufbau ist eine Marke der Aufbau Verlage GmbH & Co. KG

1. Auflage 2021

Einbandgestaltung Anzinger und Rasp, München
Satz und Reproduktion LVD GmbH, Berlin
Druck und Binden CPI books GmbH, Leck, Germany
Printed in Germany

www.aufbau-verlage.de

Für Christa

»Meine Arbeitskraft kennt keine Grenzen.«

Napoleon Bonaparte

»Der Name Napoleon Bonaparte wird immer bis an die Enden der Welt widerhallen, und das Echo Frankreichs wird ihn wiederholen.«

Letizia Ramolino, Napoleons Mutter, 1815

»Beglücken wollte er die Welt, und er verschaffte ihr Plage.«

Joseph Roth, Die hundert Tage. Napoleons letzte Schlacht

Inhalt

Einleitung ... 11
Der Clan ... 15
Inseln waren sein Schicksal ... 20
Kriegskunst ... 25
Der Politiker ... 30
Staatskult ... 40
Der Sturz ... 47
Frauen ... 54
L'Aiglon ... 65
Legende ... 69
Der Sieg über die Erinnerung ... 86
Kritische Sicht auf Napoleon ... 100

Danksagung ... 104
Zeitleiste ... 107
Literaturauswahl ... 118
Abbildungsverzeichnis ... 122

Einleitung

Am 3. Juli 1821 trafen im englischen Hafen Portsmouth zwei Schiffe ein, die am 7. Mai von Sankt Helena, einer isolierten Insel im südlichen Atlantik, abgefahren waren. Sie überbrachten die Mitteilung, dass am Abend des 5. Mai der ehemalige Kaiser der Franzosen, Napoleon, der dort seit 1815 interniert war, gestorben sei. Von England aus verbreitete sich die Information rasch über ganz Europa. Am französischen Hof kommentierte Außenminister Charles-Maurice de Talleyrand, der dem Kaiser oft gedient, ihn aber auch oft hintergangen und nach dessen Sturz König Ludwig XVIII. auf den Thron verholfen hatte: »Das ist kein Ereignis, das ist nur irgendeine Nachricht.«

So betont desinteressiert, wie dieser Satz klang, bekundete er doch nur umso deutlicher, dass er gelogen war. Eine Gestalt wie Napoleon Bonaparte hätte sich niemand ausdenken können, auch nicht in seiner Zeit. Dass jemand sowohl ein begabter Feldherr als auch der Umgestalter seiner Gesellschaft sein kann, klingt zunächst unwahrscheinlich, ebenso, dass er zugleich ein zutiefst literaturaffiner Mensch war, ein eifriger Leser und Autor, der später selber zu einer literarischen Gestalt wurde, die viele Autoren in ganz Europa inspiriert hat. Und doch war seine Existenz sehr real, mit Folgen bis in die Gegenwart.

Mit seinem Tod wurde Napoleon endgültig zur Legende, so sehr, dass gewitzte Autoren in England wie in

Deutschland die Realität Napoleons anzweifelten, als hätte er nur in der Phantasie existiert. Die Legende hatte immer schon zu Napoleon gehört, er hatte selbst an ihrer Entstehung mitgewirkt. Seit Julius Cäsar hatte kein Feldherr so gut verstanden, wie wichtig für höhere politische Ziele das eigene Bild in der Öffentlichkeit ist. Mit seinen hochrangigen und begabten Helfern kann man Napoleon als Erfinder der politischen Propaganda im modernen Sinn bezeichnen. Ein Buchtitel wie *Napoleon ohne Legende* wäre unmöglich, etwas Wesentliches würde fehlen. Die Legende gehörte zu seinem Wirken, war stets Teil seines Handelns und eine Form der Machtentfaltung.

Mit der Macht Napoleons war es seit seiner Deportation nach Sankt Helena im Juli 1815 vorbei, der Mythos hingegen entfaltete nach seinem Tod 1821 seine ganze Wirksamkeit. Im französischen Volk sorgte die Nachricht von seinem Ableben für eine große Erschütterung. Bei einigen labilen Gemütern löste es den Wunsch oder die Vorstellung aus, dass sie selbst Napoleon seien, dass er in ihnen weiterlebe. Später traten einige falsche Napoleons im Lande auf, von denen manche in Anstalten für Geisteskranke landeten.

Bei Napoleon bekommt man es mit unerquicklichen Themen zu tun: Alleinherrschaft, manipulierte Referenden, Zensur (er verbot alle Zeitungen, über die er keine Kontrolle hatte) und gelenkte Propaganda, Kriegslüsternheit und Kunstraub, politische Verbrechen, dazu Schlachten, deren schiere Opferzahlen an Schlachten des Ersten Weltkriegs heranreichten, und das bei einer prozentual viel kleineren Bevölkerungszahl.

Von Napoleon müsste man daher so erzählen wie Klaus

Mann von Alexander dem Großen – als der Geschichte eines phantastischen Sohnes, der seinen prosaisch realen Vater übertrifft, eben weil er den Bezirk des Mythischen erreicht, aber anders als Klaus Mann ohne Identifikation mit der Figur: Napoleon schuf einen Absolutismus der eigenen Person, der für Nachahmer mental gefährlich wurde, besonders schauerlich im Fall des russischen Historikers Oleg Sokolow in Sankt Petersburg, der sich als Napoleon gebärdete und in historischen Uniformen auftrat und 2012 zum bestialischen Mörder einer seiner Studentinnen wurde.

Der Name Napoleon löst immer noch Urteile und Vorurteile aus, deren man sich möglichst enthalten sollte, will man zu einer historisch gerechten Darstellung gelangen. Erstaunlicherweise fand ausgerechnet einer von seinen wichtigsten Gegenspielern, der österreichische Außenminister Fürst Clemens von Metternich, zu einer Einschätzung des französischen Kaisers, der jegliche Dämonisierung fremd war. Napoleon habe zwei Gesichter gehabt, schrieb der Fürst: »Als Privatperson war er umgänglich und nachgiebig, ohne gut oder schlecht zu sein. In seiner Eigenschaft als Staatsmann ließ er keinerlei Gefühl zu; seine Entscheidungen traf er weder aus Zuneigung, noch aus Hass. Er vernichtete oder entfernte seine Feinde, ohne sich dabei nach etwas anderem zu richten als der Notwendigkeit oder dem Vorteil, sich ihrer zu entledigen. War dieses Ziel erreicht, vergaß er sie und verfolgte sie nicht weiter.«

Dieser nüchterne Blick auf Napoleon hat sich in Frankreich selbst nicht durchsetzen können. Dort ist er bis heute Inbegriff eigener Größe und Gloire; in Umfragen wurde er immer wieder zur bedeutendsten Gestalt der französischen Geschichte gewählt. Doch auch außerhalb seiner Heimat und unter Historikern treibt seine Gestalt noch viele um. »Es fällt mir schwer«, so schrieb sein jüngster Biograf Adam Zamoyski 2018, »jemandem Genialität zu attestieren, der trotz all seiner vielen Triumphe die schlimmste (und ganz und gar selbstverschuldete) Niederlage der Kriegsgeschichte verantwortete und aus eigenem Antrieb das große Unternehmen zerstörte, das er und andere unter großen Mühen auf den Weg gebracht hatten.«

Der Clan

Dass bei Napoleons Mutter die Wehen unerwartet früh einsetzten, sodass sie es kaum aus der Messe, die sie täglich besuchte, nach Hause schaffte und mit ihrem zweiten Sohn auf einem Teppich niederkam – zufällig ein Teppich mit Darstellungen antiker Heldengestalten –, ist wohl nur eine schöne Geschichte, zumal es im Elternhaus gar keine Teppiche gab, aber um seinen Platz in der Geschichte war Napoleon stets besorgt; es war ihm ein großes Anliegen, Herr seines Bildes zu bleiben, weshalb er sich von vornherein um das kümmerte, was von ihm in der Öffentlichkeit berichtet wurde, von den ersten Schlachten an bis zu seiner zweiten Verbannung auf Sankt Helena, aus der er nicht lebend zurückkehrte.

Immerhin lenkt diese Geschichte, wenngleich anders als beabsichtigt, den Blick auf seine Herkunft, seine Familie, oder genauer: seinen Clan. Der Name Buenaparte ist zuerst im italienischen Ligurien des siebzehnten Jahrhunderts belegt, von wo einige Familienmitglieder auf die Insel Korsika übergesiedelt sind, als diese ein päpstliches Lehen an Genua war. Die Genueser verkauften die Insel am 15. Mai 1768 an Frankreich. Ein Jahr früher geboren, wäre Napoleon italienischer Bürger gewesen.

Sein Vater, der Jurist Carlo (später: Charles) di Buenaparte, kämpfte unter dem korsischen Nationalhelden Pasquale Paoli für die Unabhängigkeit der Insel, folgte diesem nach dessen Niederlage 1769 aber nicht ins englische Exil, sondern arrangierte sich mit dem später zum Gouverneur von Korsika ernannten Grafen Louis Charles de Marbeuf, der allen Kämpfern Freiheit und Amnestie sowie Respektierung der korsischen Identität versprach. Fünf Jahre zuvor hatte Buenaparte Letizia Ramolino geheiratet, da war er gerade neunzehn und sie noch nicht einmal vierzehn Jahre alt. Letizias Vorfahren stammten ebenfalls vom italienischen Festland, sie waren Adlige in der Lombardei gewesen, doch lebte die Familie zum Zeitpunkt ihrer Heirat schon seit gut zweihundertfünfzig Jahren auf Korsika. Letizias Vater befehligte zeitweise die Garnison von Ajaccio und wurde Generalinspekteur der Straßen und Brücken auf Korsika. Nach seinem Tod heiratete ihre Mutter den Schweizer Offizier Franz Faesch. Letizia brachte dreizehn Kinder zur Welt; die ersten beiden starben bei der Geburt. Ihren im Januar 1768 erstgeborenen Sohn nannten Charles und Letizia Giuseppe (Joseph). Den zweiten Sohn, geboren am 15. August 1769, nannten sie nach einem im Kampf um Korsikas Unabhängigkeit gefallenen Onkel Napoleone (korsisch: Nabulione).

Napoleons Vater beendete sein Rechtsstudium in Pisa mit einer Promotion; unter dem Namen Charles-Marie de Buenaparte leistete er in Ajaccio den Eid als französischer Rechtsanwalt. Da er gern in Samt und Seide auftrat, bekam er den Spitznamen »Buenaparte il magnifico« (der Prächtige). Seiner Umtriebigkeit und Letizias Charme sowie der Intervention von Marbeuf verdankte Charles im September 1771 die französische Adelsanerkennung mitsamt den damit verbundenen Privilegien wie Steuererleichterungen und im Jahr 1772 einen Sitz im Rat der zwölf Edlen, dem Standesparlament und Selbstverwaltungsorgan Korsikas. Der verwitwete Marbeuf unterstützte die Familie jahrelang und ernannte Charles Buenaparte 1778 zum Standesvertreter des Adels in den Generalständen, die der französische König nach Versailles einberufen hatte.

Dort wurde er von Ludwig XVI. empfangen und konnte ihm sowie der Königin Marie-Antoinette von den ökonomischen Problemen Korsikas berichten. Er führte aus, wie wichtig für die wirtschaftliche Zukunft der Insel die Anpflanzung von Maulbeerbäumen sei, die man zur Zucht von Seidenraupen brauchte. Sein Plädoyer war so überzeugend, dass er königliche Subventionen für seine eigene Pflanzung erhielt. Die erste Paris-Reise seines Zweitgeborenen Napoleon diente der Bemühung um eine Fortsetzung der königlichen Förderung für diese Plantagen. Die Familie lebte vor allem von landwirtschaftlichen Einkünften, da das Gehalt des Vaters als Richter nicht genügte. Charles Buenaparte führte die Kartoffel auf der heimischen Insel ein, übernahm sich aber finanziell bei der Trockenlegung von salzigen Sumpfgebieten.

Marbeuf vermittelte den Kindern der Buenapartes auch königliche Stipendien auf dem Festland. Charles richtete die größte Privatbibliothek auf Korsika ein, sodass seine Kinder mit Büchern groß wurden. Der älteste Sohn Joseph sollte ursprünglich Geistlicher werden, wurde aber Jurist wie sein Vater. 1784 erkrankte Charles in Paris und wurde vom Leibarzt der Königin untersucht. Ein Jahr später verschlechterte sich sein Zustand; auf Anraten der Ärzte begab er sich nach Montpellier, wo er im Februar 1785 an Magenkrebs verstarb und begraben wurde. Bei ihm war nur sein Sohn Joseph.

Noch im Exil auf Sankt Helena beteuerte Napoleon, wie

gut die Ehe seiner Eltern gewesen war. Seine Mutter nannte er eine tatkräftige und couragierte Frau. Als sie mit ihm schwanger gewesen sei und der Unabhängigkeitskampf mit den Franzosen getobt habe, sei sie über ein Schlachtfeld geritten und habe ihr Pferd durch einen reißenden Fluss gelenkt. Mag dies auch zu den vielen Geschichten gehören, mit denen Napoleon nicht zuletzt seine eigene Person in einem glänzenderen Licht erscheinen lassen wollte, so handelte es sich bei Letizia ohne Zweifel um eine ungewöhnlich selbstbewusste Frau. Den Stolz darüber, dass ihre Kinder historische Persönlichkeiten wurden und bald die Throne halb Europas zu besetzen schienen, drückte sie später kess und korsisch so aus: Ich bin die Frau, die den meisten künftigen Königen und Königinnen den Hintern versohlt hat.

Napoleon, das ist somit nicht nur die Geschichte vom Aufstieg eines republikanischen Generals provinziell-korsischer Herkunft zum französischen Kaiser und (letztlich gescheitertem) Begründer einer vierten Dynastie – was bemerkenswert genug ist; Napoleon ist auch der zentrale Punkt in der Geschichte eines Clans, dessen Vorfahren zunächst in die Toskana und später auf eine wilde, legendenselige Insel verschlagen wurden, deren Landschaft und deren Düfte alle Sinne gefangen nehmen, und dessen Nachfahren teilweise im sehr realen und zugleich mythischen Amerika lebten, was seinerseits eine Folge des Napoleonmythos war. Elizabeth Patterson, die erste Frau von Napoleons jüngstem Bruder Jérôme, erlebte eine böse Überraschung, als sie im April 1820 über Amsterdam nach Frankreich reisen wollte. Der französische Botschafter in Holland verweigerte ihr und ihrem Sohn Jérôme Napoléon die Reiseerlaubnis mit der Begründung, dieser sehe dem Kaiser zu ähnlich, was zu Ärgernissen in Frankreich führen könne.

Elizabeth kehrte daher mit ihrem Sohn nach einigen Jahren in Großbritannien in die USA zurück, wo ihr Enkel Charles Joseph Bonaparte Marine- und später Justizminister unter Präsident Theodore Roosevelt wurde, den er seit seinem Jurastudium in Harvard kannte. Er bewies sein Organisationstalent, als er 1908 eine Behörde schuf, die Steuerunterschlagungen aufdecken sollte und aus der das spätere FBI entstand. Der letzte Prominente der amerikanischen Napoleoniden, der 1878 geborene Jérôme Charles Bonaparte-Patterson, ein Urenkel von Napoleons Bruder Jérôme, starb im Jahr 1945, als er bei einem Spaziergang im Central Park in New York über die Hundeleine seiner Frau stolperte und dabei so unglücklich fiel, dass er sich das Genick brach.

In den USA, wo sich die Familien- und Ahnenforschung großer Beliebtheit erfreut, ist aus der Suche nach amerikanischen Nachfahren der Bonapartes längst ein lukrativer Geschäftszweig geworden. Die Firma iGenea untersuchte seit 2010 die DNA von siebenundvierzig bezeugten Nachfahren der Bonapartes. Allen Personen, die sich für Nachfahren hielten, bot man an, ihre DNA daraufhin zu überprüfen. Auf diesem Wege konnten einige Nachfahren ermittelt werden, eine Person wurde sogar als Erbprinz anerkannt.

Inseln waren sein Schicksal

Das südliche Licht und die wilde Schönheit Korsikas, vor allem der besondere Duft der dichten Buschlandschaft, der Macchia, haben Napoleon geprägt, aber bedeutsamer als sein Außenseitertum und seine Fremdheit auf dem Festland ist die Tatsache, dass er durch Erziehung und Ausbildung zum Franzosen wurde und sich bald von den korsischen Verstrickungen löste, von Clankämpfen und Rivalitäten, die auch seine Familie betrafen. Lediglich in diesem Clancharakter seiner Familie zeigte sich das korsische Erbe, er musste Rücksicht nehmen auf die Ansprüche und Wünsche seiner zahlreichen Brüder und Schwestern, andererseits bediente er sich seiner Geschwister als Instrumente seiner Machtpolitik. Sein Ehrgeiz war zu groß für die heimische Insel. Einzig das französische Mutterland konnte ihm Perspektiven bieten. Allerdings war ihm selbst die besuchsweise Rückkehr nach Korsika später ohnehin verwehrt. Zum letzten Mal hielt sich Napoleon im Oktober 1799 dort auf, auf der Rückfahrt von der Ägyptenexpedition. Bald darauf war das Befahren des Mittelmeers zu gefährlich für ihn, denn es wurde von den Engländern kontrolliert.

Umso bemerkenswerter, dass es ihn in seinen letzten Jahren schließlich auf Inseln verschlug, zumal auf solche, die ein ums andere Mal kleiner gerieten. Um den besiegten Napoleon dauerhaft auszuschalten, schickten ihn die europäischen Mächte beim ersten Mal 1814 nach Elba, wo er noch als Souverän galt und sich auch so verhielt. Er ließ seinem Herrscher- und Gestaltungswillen freie Bahn, verbesserte die Infrastruktur der Insel, ließ den Haupthafen aus- und eine Kirche zu einem Theater umbauen. Durch seine vielfältige Aktivität erhielt er die Chance, seine Flucht zu planen und durchzuführen. Die Verbannung brachte ihn zurück in seine ursprüngliche Situation, die Insularität, in seinen Eigensinn, seine Besonderheit, sein Sonderbewusstsein, was eine moralische Stärkung bedeutete.

Nach der Niederlage in der Schlacht bei Waterloo zog sich Napoleon zunächst nach Aix zurück, eine rund drei Kilometer lange und sechshundert Meter breite Insel vor der französischen Atlantikküste, gelegen zwischen den größeren Inseln Île de Ré und Île d'Oléron. In Le Bourg, dem Hauptort von Aix, wurde er mit viel Respekt behandelt, hier war sein Ansehen ungebrochen, das mag ihm Auftrieb gegeben haben, bevor er sich den Engländern ergab und in seine zweite Verbannung begab. Diese führte Napoleon auf eine besonders abgelegene und unwirtliche Insel im südlichen Atlantik, Sankt Helena, auf halbem Weg zwischen Afrika und Südamerika gelegen, einst von den Portugiesen entdeckt und als Verpflegungsstation benutzt, nunmehr im Besitz der britischen Ost-Indiengesellschaft. Napoleon hatte den Namen dieses winzigen Fleckens im Ozean schon als Militärschüler in Brienne auf einem Atlas entdeckt. In seinen frühen Notizen liest man: »Sankt Helena, kleine Insel.« Was mag er 1815 bei seiner Ankunft dort gedacht haben, er, der an Vorbedeutungen glaubte?

Das Lebensbild Napoleons, von seiner Geburt auf Korsika bis zu seinem Ende auf diesem entlegenen Eiland, steht uns so deutlich und unbezweifelbar vor Augen, dass man leicht vergisst, wie vieler Zufälle es bedurfte, um dieses besondere Schicksal zu ermöglichen – von denen manche im Rückblick zugleich wie ein Wink des Schicksals wirken. Ein mehr als kurioser Zufall war es in dieser Hinsicht, was sich auf Korsika während einer kurzzeitigen Einquartierung englischer Soldaten ereignete, im Gefolge von Unruhen in Ajaccio durch Anhänger des korsischen Unabhängigkeitskämpfers Paoli, der sich den Engländern andiente: Im Haus der Buonapartes nahm damals für wenige Tage der englische Offizier Hudson Lowe Quartier, der nach 1815 als Gouverneur von Sankt Helena zum Kerkermeister des verbannten Napoleon werden sollte.

Auf dem englischen Schiff Bellorophon, auf dem man ihn nach Sankt Helena deportierte, ließ Napoleon sich aus dem Plutarch vorlesen, und zwar die *Vita Catonis*, die Schilderung des Lebens von Marcus Porcius Cato, einem führenden Gegner Cäsars, der sich nach der Niederlage des republikanischen Heeres in der Schlacht bei Thapsus das Leben nahm, um nicht in Gefangenschaft zu geraten. Daran wollte sich Napoleon gerade kein Beispiel nehmen. Anders als bei seiner ersten Abdankung war Napoleon nicht in Versuchung, sein Leben aufzugeben. Er wollte der Welt zeigen, »was eine große Seele im Unglück vermag«, also einen letzten Kampf führen, den um die Deutung seines Lebens und seiner Leistungen, um seinen Platz in der Geschichte; dazu kam ihm die letzte Insel gerade recht. Sie fachte seine Kräfte neu an, wie noch jede Insel. Napoleon nahm die Rolle als Märtyrer an, verglich sich sogar mit Christus, der ohne seine Dornenkrone nicht Gott gewesen wäre.

In der Realität nahm sich der Opfergang freilich deutlich prosaischer aus: Auf Sankt Helena musste Napoleon, der in so vielen Palästen geschlafen hatte, von den Tuilerien bis zum Kreml, in einem niedrigen Gebäude hausen und wurde streng bewacht. Sein Kommentar, als er sein Quartier erblickte: »Das ist kein schöner Aufenthaltsort.« Für einen Augenblick kamen Selbstzweifel in ihm auf: »Ich hätte in Ägypten bleiben sollen, dann wäre ich heute der Beherrscher des gesamten Orients.«

Dennoch leistete er auch auf dieser Insel Bedeutendes. Er konnte diese kleine Welt nicht in einen Vorzeigestaat en miniature verwandeln, wie er es mit Elba begonnen hatte, dafür begann er, den Kampf um die Deutungshoheit seiner Herrschaft aufzunehmen. Er diktierte seine Erinnerungen und lieferte in ihnen eine ausführliche Darstellung seines unglaublichen Lebensromans, eine neue Grundlage für seine Legende, die mit der Veröffentlichung des sogenannten *Mémorial de Sainte-Hélène* 1823 neue Wirkkraft erhielt, eine durchaus politische Wirkung, die den Regierungen der Restauration unwillkommen war, weil sie bei den Gegnern der neu-alten Ordnung gefährliche Energien freisetzte.

Und nicht nur dort: Eine unerwartete und unangenehme Folge hatten dieser und weitere Berichte, die auch Auskunft gaben über Napoleons letzte Tage, für Hudson Lowe. Zwar hatte er sich dafür eingesetzt, den abgesetzten Kaiser der Franzosen von dem windig-feuchten Teil der Insel in ein Haus an einen Ort mit freundlicherem Klima zu verlegen. Doch das hatte die britische Regierung abgelehnt, die fürchtete, damit könnten sich Napoleons Fluchtmöglichkeiten erhöhen. Als Lowe sich wieder in London zeigte, machte man ihn für die unfeine und unfaire Behandlung des französischen Kaisers verantwortlich, und obwohl Napoleon doch ihr ärgster Feind gewesen war, waren einige Engländer darüber so entsetzt, dass Lowe auf offener Straße tätlich angegriffen wurde.

Kriegskunst

Von einer Schneeballschlacht unter den Militärschülern in Brienne, in der sich der kleine Korse besonders hervortat, ist uns so oft erzählt worden, dass wir das Gefühl haben, wir wären dabei gewesen. Wir haben sie sogar mit eigenen Augen gesehen, etwa in dem Monumentalfilm *Napoleon* von Abel Gance aus dem Jahr 1927, der eine dreigeteilte Leinwand einsetzt. Die Szene dient meist dazu, den kleinen Korsen im Sinne eines archaischen Männlichkeitsbildes als geborenen Anführer zu zeigen. Dabei sollte man eher auf den begabten Artilleristen schauen.

Napoleon hatte bald begriffen, dass ein mit genügender Kraft geschleudertes Objekt (ein Stein, eine Kanonenkugel) nicht umherflattert wie ein irrer Vogel, sondern dass sich die Flugbahn der Geschosse berechnen lässt und dies die Grundlage der Artillerie ist als einer »arme savante«, einer intelligenten Waffengattung. Deshalb betrieb er mit großem Eifer Mathematik, auch in seiner Freizeit. Er lernte mathematische Abhandlungen auswendig und sah Kanonen, die Zivilisten erschreckten, mit trockenem Auge an. Beim Artillerieexamen an der École militaire in Paris, wo er seine militärische Ausbildung vollendete, gehörte er zu den Besten, ihm wurde ein weiteres Ausbildungsjahr erlassen und im Alter von sechzehn Jahren und fünfzehn Tagen das Unterleutnantspatent verliehen. Er hatte in der Militärschule bald verstanden, dass es darauf ankam, die Kanonen im Gelände in geeigneten Stellungen zu platzieren, und wurde ein eifriger und gründlicher Kartenleser. Seine ersten Erfolge verdankte er diesen Fähigkeiten, erworben im Dienst des französischen Königs. Zudem inspizierte er vor den Schlachten das jeweilige Areal genau.

Die französische Artillerie galt als die leistungsstärkste in Europa, sie profitierte von einer technischen Neuerung: leicht beweglichen Kanonen mit dem halben Gewicht einer üblichen Kanone, die General Jean-Baptiste de Gribeauval eingeführt hatte, inklusive einer Lafette, die den raschen Transport der Kanonen erlaubte. Erste Bewährungsprobe war 1792 die Kanonade von Valmy, die einen überraschenden Sieg der Revolutionsarmee über die europäische Koalition bedeutete. Johann Wolfgang von Goethe war Augenzeuge dieses Ereignisses und lag durchaus richtig mit seiner Einschätzung, dass von hier und heute eine neue Epoche der Weltgeschichte ausgehe. Für Napoleon spielten die leichteren Kanonen eine wesentliche Rolle.

Dass der sonderbare kleine Korse ein militärisches Genie sein würde, ahnte damals in Brienne niemand. Napoleon war kein Theoretiker des Krieges, er hatte nur eine einzige Abhandlung über Taktik gelesen. Er selbst glaubte, dass die Kriegskunst eine ganz schlichte Kunst sei. Im Krieg hätten Ideologie und Theorie nichts zu suchen, in einer Schlacht komme es allein auf die zuverlässige Umsetzung an, auf das Verstehen des Schlachtgeländes, auf das Tempo der Aktionen und die Konzentration der Feuerkraft auf zentrale Positionen des Gegners. Zeitverlust wirke sich immer verhängnisvoll aus.

Napoleons erster Einsatz als Befehlshaber geschah in der

Bucht von Toulon, Frankreichs wichtigstem Kriegshafen am Mittelmeer. Durch geschickten Einsatz der Kanonen gelang es seinen Truppen, eine englisch-spanische Flotte aus dieser Bucht zu vertreiben. Napoleon hatte die Stadt schon früher besichtigt und kannte die strategischen Gegebenheiten von Stadt und Bucht sehr genau. Er war ohnehin der Meinung, man solle sich in einer Stadt nie dem müßigen Flanieren hingeben, sondern solle sie immer so erkunden, als müsste man sie einmal verteidigen oder erobern.

Von Paul Barras, einem der fünf Direktoren des Staatsrates, zum Chef der Inlandsarmee ernannt, schlug Napoleon im Herbst 1795, im Erntemonat Vendémiaire laut Revolutionskalender, einen Aufstand von Royalisten nieder. Vom Pariser Vorort Nanterre aus ließ er von seinem Adjutanten Jean Andoche Junot Kanonen herbeischaffen, die er auf die Aufständischen richten ließ. Die Wirkung der Geschütze in den Straßen von Paris war ungeheuer. Vor der Kirche Saint-Roch blieben hunderte Tote liegen. Zum zweiten Mal hatte Napoleon die Revolution dank einer Kanonade gerettet. Man gab ihm den Beinamen »Général Canon«.

Zwischen 1793 und 1813 hat Napoleon auf dem Feld vierundvierzig Siege errungen. Und dies nicht allein, weil er es verstand, andere talentierte Militärs zu seinen Helfern zu machen, so die Marschälle Ney, Kléber, Murat, Junot, Masséna, Bernadotte, Davout, Soult, Berthier. Vor allem vermochte er es wie kein anderer Heerführer, seine Soldaten zu motivieren: »Ich gewinne meine Schlachten mit den Träumen meiner Soldaten.«

Mindestens ebenso wichtig wie die Träume der Soldaten war freilich ihre Ausrüstung, die zuverlässig und leicht sein musste. Als er das Kommando über die Italienarmee erhielt, war es darum schlecht bestellt; die Männer waren auch ungenügend verpflegt und ziemlich demoralisiert. Beides änderte Napoleon alsbald, er verstand es, sich in die Lage seiner Untergebenen zu versetzen, auch trug er anders als seine Marschälle im Feld schlichte Uniformen, was ihn rasch beliebt machte. Von den Soldaten erhielt er den zärtlichen Beinamen »der kleine Kaporal«, als wäre er einer von ihnen; dieses Vertrauensverhältnis begründete seine Position und seine Popularität bei der Truppe, die bis zuletzt anhielt und über seinen Tod hinaus nachwirkte.

Die alte Redensart, dass es für einen Kammerdiener keinen Helden gibt, trifft auf Napoleon keineswegs zu. Sein Kammerdiener Louis Constant Wairy, ein Mameluck, den er aus Ägypten »mitgenommen« hatte, widmete dem Kaiser eine große Lobeshymne in seinen Erinnerungen, betonte seine Leutseligkeit, seine Bescheidenheit, seine Großzügigkeit und die Tatsache, dass Napoleon die Nähe zu den einfachen Soldaten gesucht hatte, die ihm wirklich ergeben waren.

Diese Bindung schlug sich unter anderem darin nieder, dass manche von ihnen kleine Statuetten des Kaisers als Handschmeichler und Glücksbringer in ihren Taschen trugen. Auf seine Soldaten konnte sich Napoleon verlassen. Das hielt ihn nicht davon ab, im Zweifelsfall äußerst rücksichtslos mit ihnen zu verfahren und sie zu Gewaltmärschen von bis zu fünfzig Kilometern am Tag zu zwingen und ihnen dabei Gepäck von dreißig Kilogramm aufbürden zu lassen.

Wenn Napoleon das Wort Kriegs*kunst* gebrauchte, so weil er sich als Künstler verstand, als Virtuose des Schlachtfelds, dessen taktische Schachzüge wahre Geniestreiche waren. Sein größtes Kunststück in diesem Sinn war gewiss die Schlacht von Austerlitz Anfang Dezember 1805, am Jahrestag seiner Kaiserkrönung. Mehrere Tage hatte er mit dem Studium der Geländekarten verbracht, um seine Züge vorzubereiten. Seine Soldaten feierten ihn, entzündeten Freudenfeuer, was ihn zu dem Ruf bewegte, dies sei der schönste Tag seines Lebens. Die russischen Soldaten glaubten, die Franzosen würden fortziehen und deshalb ihr Lager abbrennen, aber da hatten sie sich schwer getäuscht. Vielmehr hatte Napoleon zwei weitere Kompanien aus Wien herbeigeordert, die in einem Eilmarsch auf dem Schlachtfeld erschienen und ihre Gegner überraschten, vor allem weil sich jetzt erst der Nebel lichtete, der bis dahin über dem Feld gelegen hatte. Die Franzosen besiegten ihre Gegner auch dieses Mal mit ihren Füßen, nämlich mit ihrem Marschtempo, so wie der gesamte Aufmarsch von der Kanalküste bis Böhmen schon ein Gewaltmarsch gewesen war, nachdem Napoleon den Plan einer Invasion in England aufgegeben hatte. An der Stelle des dort angelegten Zeltlagers für die Invasionsarmee entstand am Ärmelkanal eine kleine Stadt, Wimereux, die gegen Ende des neunzehnten Jahrhunderts zu einem beliebten Badeort avancierte, der bis heute gern von englischen Touristen aufgesucht wird, eine wirkliche Ironie der Geschichte.

Der Politiker

Napoleons Herkunft, seine Familie, Korsika, schließlich die Jahre in der Militärschule von Brienne erscheinen beinahe anekdotisch im Verhältnis zu dem, worauf es wirklich ankommt beziehungsweise ankam in der Situation, in der Napoleon handeln musste: dem Griff nach der Gestaltungsmacht. Dazu musste man groß genug von sich selber denken, und das tat Napoleon, insofern er sich selber als historische Gestalt ansah; bereits mit achtzehn Jahren verfasste er eine Betrachtung über die »Perioden meines Lebens«. Der Ausnahmecharakter seines eigenen Schicksals war ihm wohl bewusst. Bezeichnend war in dieser Hinsicht seine Lektüre. Er war ein großer Leser, als Feldherr führte Napoleon in seiner Reisekutsche stets eine große Zahl von Büchern mit sich, er machte in seinen Büchern Anmerkungen mit Bleistift und Tinte, merkte sich den Einband der Bücher genau, oft auch deren Platz im Regal. Gleich mehrfach las er Goethes *Die Leiden des jungen Werthers*, damals ein europäischer Bestseller. Vor allem aber las er von jung auf in pragmatischer Absicht Biografien bedeutender Feldherren, in erster Linie die der großen Marschälle von Ludwig XIV., überhaupt gern historische Abhandlungen, dabei stets nach Vorbildern suchend.

Zugleich versuchte er sich – noch bevor sich sein militärisches Genie entfaltete oder sich sein politischer Ehrgeiz regte – auf klassisch französische Weise auf literarischem

Gebiet. Der Junge aus Korsika kannte die maßgeblichen Autoren seiner Epoche und nahm 1791 an einem Wettbewerb teil, den die Académie von Lyon ausgeschrieben hatte, ganz nach dem Vorbild von Jean-Jacques Rousseau, dessen erste Schriften auch aus akademischen Aufsatzwettbewerben hervorgegangen waren. Das vorgegebene Thema lautete: »Welche Wahrheiten und Gefühle soll man den Menschen vermitteln, damit sie glücklich werden können?« Der Text blieb erhalten, Talleyrand hat ihn dem späteren Kaiser gebracht, dem sein kleines Werk nun eher peinlich war, das ganz unter dem Einfluss von Rousseau und Abbé Raynal stand, seinen liebsten Autoren damals.

Im August 1793 entstand sein nächstes Werk, das schon von den frühen Jahren der Revolution geprägt und für seine Karriere von großem Nutzen war: *Le Souper de Beaucaire* (Das Abendessen in Beaucaire). Dieser politische Dialog berichtet von einem wahren Erlebnis des Autors. Der junge Offizier Bonaparte hatte einen Auftrag im Midi zu erfüllen und machte Halt in Beaucaire, einem Ort im Département Gard, direkt an der Rhône gelegen. Dort kam er ins Gespräch mit Geschäftsleuten aus Marseille, aus Nîmes und aus Montpellier. Er verteidigte die neuen Werte der Revolution, während seine Gesprächspartner skeptisch blieben und die Beschlüsse der neuen Regierung kritisierten. Mit seinem Feuereifer vermochte der junge Offizier die anderen zu überzeugen, schließlich tranken sie auf ihre neue Freundschaft und gingen versöhnt auseinander. Der Text gelangte in die Hände von Augustin Robespierre, dem jüngeren Bruder von Maximilien Robespierre, dem Wortführer der radikalsten Jakobiner in Paris. Augustin erkannte den propagandistischen Wert des Pamphlets und ließ es auf Staatskosten drucken und verbreiten. Die Beziehung zu den führenden Jakobinern verschaffte Bonaparte 1793 das Kommando für die Befreiung von Toulon, und so konnte aus dem Helden der Feder, der auch eine Liebesgeschichte verfasste, zuerst ein großer Feldherr und in der Folge auch ein Staatsmann werden.

Dass man einen bedeutenden politischen Akteur vor dem Hintergrund seiner Epoche sehen muss, ist einerseits eine Binsenweisheit, andererseits in Sonderfällen gar nicht so leicht zu gewärtigen. Das gilt gerade im Fall Napoleon. Die politischen und gesellschaftlichen Verhältnisse waren seit Beginn der Revolution so labil wie seit Jahrhunderten nicht mehr. Die Monarchie, das Gottesgnadentum des Erbkönigtums, war seit 1789 in Frage gestellt und 1792 durch die Republik ersetzt worden, das regierende Königspaar war abgesetzt und schließlich hingerichtet worden. Die Macht lag bei der jeweils radikalsten Partei, die sich nacheinander der neuen Verfassungsorgane bemächtigte. Die Deutung der Situation wurde von den Interessen und Ambitionen einzelner Personen und Fraktionen bestimmt. Es herrschte Bürgerkrieg im Innern und Krieg mit den anderen Mächten in Europa. Symbol dessen war die in Permanenz gehisste rote Fahne, das Zeichen für den Ausnahmezustand in Paris.

Schon vor Ausbruch der Unruhen des Jahres 1789 war die politische Macht erschüttert worden. Das lag nicht zuletzt an einem schlecht gehüteten Bettgeheimnis.

König Ludwig XVI., streng religiös erzogen und ganz in der Hand seines Beichtvaters, konnte seine Ehe mit der österreichischen Erzherzogin Marie-Antoinette anfangs aus körperlichen Gründen nicht vollziehen. Lange schien es so, als würde er keinen Thronerben haben. Das wusste man bald an den andern Höfen Europas, die ihre Kundschafter in Versailles hatten. Überall regten sich Begehrlichkeiten, auch in einem Seitenzweig des Hauses Bourbon, bei den Orléans. Vor allem Philippe von Orléans rührte sich, mischte sich sogar unter die Aufrührer, die in den Wandelgängen des Palais Royal den Umsturz herbeiredeten. Als die Adelsprivilegien im August 1789 abgeschafft wurden, stimmte er zu, was ihm den Beinamen Philippe Égalité eintrug, ihn aber nicht vor der Guillotine bewahrte.

Bei Ludwig XVI. half schließlich ein chirurgischer Eingriff, zu dem ihn sein Beichtvater überreden musste, der ja nur gewollt hatte, dass dieser dickliche, träge Mann nicht so ein Lüstling werde wie sein Vater Ludwig XV., »der Vielgeliebte«, wie man ihn nannte, obwohl der Name »der wahllos Liebende« korrekter gewesen wäre: Er hatte im Park von Versailles junge Frauen wie Jagdwild aussetzen lassen und sich beim Geschlechtsverkehr mit ihnen allerlei Krankheiten zugezogen, die ihn schließlich das Leben kosteten. Als er beigesetzt wurde, stank sein einst üppig parfümierter Körper so stark durch die Sargwände, dass keine Sargträger zum Anfassen bereit waren außer seinen vier Töchtern, die es freiwillig taten.

Ludwig XVI. immerhin gelang es dank des Eingriffs doch noch, einen legitimen Thronfolger zu zeugen, wenngleich dieser in den wirren Jahren nach 1789 auch nur ein Opfer der Verhältnisse werden konnte.

»Die Revolution hat einen großen Haufen lockeren Sand hinterlassen«, erklärte Napoleon. »Darauf kann man aber nichts bauen, dazu muss man etwas Granit aufhäufen.« Aufbauen und gründen wollte er nun aber. Mit 1789 waren die Möglichkeit und die Notwendigkeit einer umfassenden Neugestaltung geschaffen, in Frankreich wie in Europa. Das war Napoleons Chance, und er verstand es, sie zu nutzen. Im Innern schuf er viele neue Institutionen, die immer noch bestehen, etwa die Banque de France (Bank von Frankreich) sowie den Cour des Comptes (Rechnungshof) und den Conseil d'Etat (Staatsrat), der die Verfassungskonformität erlassener Gesetze überprüft. Die Schaffung dieser Kontrollorgane verbietet es, Napoleons Herrschaft als Militärdiktatur anzusehen. Seine Herrschaft ruhte nicht auf den Spitzen der Bajonette, sein Regime war durchaus im Volk verankert.

Im Regierungsalltag waren freilich schon früh die Züge eines persönlichen Regimes zu bemerken. Napoleon hielt keine allgemeine Kabinettssitzung ab, er besprach sich lieber mit einzelnen Ministern. Sein Arbeitskabinett durfte niemand betreten. Als Privatsekretäre dienten ihm nacheinander Louis-Antoine Bourrienne, Claude François de Méneval und Agathon Fain. Bourrienne hatte zusammen mit Napoleon die Militärakademie besucht und seinen Aufstieg begleitet, war aber 1802 durch Méneval ersetzt worden, als er sich zu sehr in den Vordergrund drängte und begann, Soireen zu geben. Méneval dagegen schien Napoleon bescheiden genug, ihm bis 1813 zuzuarbeiten; von 1806 an wurde er dabei unterstützt von Fain. Als Privatsekretäre lebten sie in einer Art klösterlicher Existenz, Tag und Nacht bereit, die Aufgaben ihres Herrn auszuführen. Zugleich waren sie die entscheidenden Schaltstellen in Napoleons Regierungsapparat; sie stellten die unzähligen Befehle Napoleons ihren jeweiligen Empfängern zu, steuerten zugleich den Zugang der Kabinettsmitglieder zu ihm und schirmten seine Kommunikation ab.

Zu Napoleons engen Mitarbeitern zählte auch Henri Clarke d'Hunebourg, ein Militär irischer Abstammung. Er hatte die Vorhut der Rheinarmee befehligt, war 1795 als verdächtig abgesetzt und verhaftet worden, von Bonaparte aber wieder in Staatsdienste berufen worden, als dieser die Macht ergriffen hatte. Clarke amtierte schließlich bis zum Sturz des Kaisers lange Jahre als sein Kriegsminister. Dass Napoleon keine Berührungsängste gegenüber Personen hatte, die zwischenzeitlich in Ungnade gefallen waren, zeigte auch seine Beziehung zu Jean-Joseph Mounier, der 1789 in der Constituante die Erklärung der Menschen- und Bürgerrechte initiiert, sich aber auch für die Monarchie ausgesprochen hatte. 1790 musste sich Mounier deshalb in die Schweiz absetzen und war dann 1797 an den Hof Herzog Carl Augusts nach Weimar gezogen, wo er für diesen eine Schule für angehende Staatsdiener gründete. Auch er durfte 1801 aus dem Exil zurückkehren; in der Heimat machte ihn Napoleon zunächst zum Präfekten des Départements Ille-et-Vilaine und berief ihn 1805 als Staatsrat, bezahlte ihn großzügig, ließ ihn in die Ehrenlegion aufnehmen und verlieh ihm den Titel eines Barons.

Das topografische Kabinett schließlich, in dem sich alle Karten Europas befanden, wurde geleitet von Louis Albert Bacler d'Albe, der Napoleon erstmals bei seinem Kommando vor Toulon als exzellenter Zeichner aufgefallen war. Er konnte alle realen und alle potentiellen Schlachtfelder in Reliefdarstellung entwerfen und diente Napoleon bis 1813. Der erste persönliche Bibliothekar Bonapartes, Louis Ripault, hatte bereits an seiner Ägyptenexpedition teilgenommen und sollte ihm nun über alles berichten, was an Büchern und Plakaten gedruckt wurde. Als Ripaults Ansichten dem Kaiser zu liberal wurden, ersetzte er ihn 1804 durch den italienischen Historiker Carlo Denina, dem Autor von *Delle revoluzioni d'Italia* (Die italienischen Revolutionen), der bereits im Dienst von Friedrich dem Großen gestanden hatte. Ihm folgte Antoine-Alexandre Barbier nach, ein früherer Priester mit einem noch größeren Überblick. Er hatte seinen katholischen Glauben behalten und beriet Napoleon deshalb auch in religiösen Fragen. Barbier war zuständig für die umfangreiche Reisebibliothek, die der Kaiser in seiner geräumigen Kutsche stets mit sich führte.

In Paris war im Laufe des achtzehnten Jahrhunderts die Mode entstanden, aus Begriffen Anagramme zu bilden, Sinnverdrehungen durch Umordnung von Buchstaben, etwa um jemanden zu verspotten. So wurde aus »La Révolution française« der Satz »Un Corse la finira« (ein Korse wird sie beenden – oder auch: vollenden, je nach Einstellung). Anhänger der Bourbonen machten allerdings aus denselben Buchstaben den Spruch »La France veut son roi« (Frankreich will seinen König). Napoleon griff zum Mittel des Staatsstreichs (am achtzehnten Brumaire nach dem Kalender der Revolution, also dem 9. November 1799), wurde Erster Konsul, dann Konsul auf Lebenszeit.

Von den anderen europäischen Hauptstädten aus war nicht so leicht zu erkennen gewesen, dass die Revolution sich in einer kritischen Phase befand, eine Selbstzerstörung drohte; im Mai 1804 hatten die gewählten Organe schließlich durch souveränen Beschluss eine Kaiserverfassung erlassen und diesen Titel dem Ersten Konsul angetragen. Immerhin nannte sich Napoleon »Kaiser der Franzosen« und nicht »Kaiser von Frankreich.« Er war nicht der Exponent eines politischen Lagers.

Ob er durch seinen Griff nach der Krone die Revolution beendet oder vollendet oder gar verraten hat, blieb auch nach seinem Tod umstritten. Pierre Larousse, Pariser Verleger und alleiniger Verfasser einer Enzyklopädie des neunzehnten Jahrhunderts fügte in dieses Werk, eigentlich eine Serie grandioser Essays, zwei Artikel ein, den einen unter dem Stichwort Bonaparte, den anderen unter Napoleon. Bonaparte war hier ein von Korsika stammender General, dessen Leben 1804 in St. Cloud endete (mit dem Staatsstreich und dem Griff nach der Alleinherrschaft), Napoleon hingegen der wohlbekannte Kaiser. Larousse vermerkte in diesem späteren Artikel, er habe in dem früheren Band zum Scherz General Bonaparte im Jahr der Kaiserkrönung sterben lassen. Als der Band N erschien, herrschte schon Napoleon III. Larousse war kein Anhänger des Zweiten Kaiserreichs. Insofern war der Artikel über Bonaparte kein bloßer Scherz, sondern eine handfeste Kritik am neuen Regime und auf jeden Fall ein starkes Stück.

Damit setzte sich ein Streit fort, der schon zu Napoleons Lebzeiten die Gemüter bewegt hatte. Bekanntlich hatte Ludwig van Beethoven seine dritte Sinfonie in Es-Dur, die *Eroica*, ursprünglich *Sinfonia Grande intitulada Bonaparte* betitelt und das Notenblatt zerrissen, als er die Widmung wütend ausradierte, nachdem er von der Kaiserkrönung erfahren hatte. 1806 ergänzte er: »composta per fesstiggiare il souvenir di un grand uomo« (komponiert zur Erinnerung an einen großen Mann); zuerst hatte das

Werk *Ponaparte* (sic) geheißen. Ganz anders als der enttäuschte Beethoven urteilte Christoph Martin Wieland; ihm schien die Alleinherrschaft des Korsen geradezu unabdingbar, sollten die revolutionären Errungenschaften bewahrt und die historische Chance beziehungsweise Notwendigkeit genutzt werden. Schon zehn Jahre bevor Napoleon ihn 1808 am Rande des Fürstentags in Erfurt empfangen und mit der Ehrenlegion ausgezeichnet hatte, schrieb Wieland: »Ich interessiere mich höchlich für Buonaparte, der, seit es Menschen gibt, vielleicht nicht drey seinesgleichen gehabt hat, und der Frankreichs und des ganzen Europa Heiland werden würde, wenn die Franzosen den Verstand hätten, ihn auf Lebenslang zu ihrem Dictator zu machen.« Er nutzte den Begriff »Dictator« und damit das Vokabular der römischen Antike, wie es im revolutionären Frankreich im Schwange war; gedanklich aber meinte er das Kaisertum, und das mehrere Jahre bevor es dazu kam. Seit Beginn der französischen Revolution hatte sich Wieland regelmäßig über die dortigen Ereignisse informiert, er empfing mit jeder Postlieferung neue Zeitungen aus Paris und Strasbourg, und so hatte er früh verstanden, was von Napoleon Bonaparte zu erwarten beziehungsweise zu erhoffen war.

Tatsächlich konnte Napoleon durch seine neue Macht nicht allein den Bürgerkrieg im Innern befrieden, er konnte auch die wesentlichen Errungenschaften von 1789 bewahren: Menschenrechte, Gleichheit aller Bürger, Abschaffung der Adelsprivilegien, Verkauf der Kirchengüter. In der Folge machte er sich an die Neugestaltung der französischen Gesellschaft und führte Innovationen ein, die das Land prägen sollten und im Wesentlichen bis heute

Bestand haben: Neben dem Zivilgesetzbuch (zunächst als *Code Napoleon* bezeichnet) die allgemeine Schulpflicht mit Zentralabitur, die Einrichtung von Eliteschulen wie dem Polytechnique, die Gewerbefreiheit, das Präfektoralsystem. Departements hatte schon die Revolution eingerichtet und damit die Provinzialstruktur der Monarchie abgeschafft.

Staatskult

Waren die Franzosen nach dem Sturz des Ancien Régime durch nationale Feiertage auf die Republik eingeschworen worden, so verpflichtete Napoleon sie mit einem neuen Staatskult auf das Kaisertum. Die territorialen Annexionen erforderten zudem die Integration nichtfranzösischer Bürger. Sollte die Dynastie Bestand haben, mussten Millionen von Menschen mit ganz unterschiedlichen kulturellen und politischen Traditionen nicht nur zu treuen Untertanen geformt werden, sondern zu einer neuen Einheit verschmelzen.

Napoleon wollte als charismatischer, volksnaher und gottgegebener Herrscher erscheinen. Große öffentliche Feiern können Menschen einen, sie üben eine erzieherische Funktion und eine elektrisierende Wirkung aus, wenn sich viele daran in Gedanken und Werken beteiligen. Um die neue politische Ordnung in das Bewusstsein aller Bürger einzupflanzen, wurden zentral von der Regierung organisierte Gemeinschaftsakte auch in den kleinsten Gemeinden des Reiches begangen. Sie wiederholten und bestätigten das Plebiszit, das die Erhebung Napoleons zum Kaiser legitimiert hatte.

Der napoleonische Staatskult basierte einerseits auf Elementen aus der Festkultur der Revolution, andererseits war er durch die Selbstdarstellung des Ancien Régime geprägt, wie die Wiedereinführung des Tedeums als Huldigungs- und Dankgesang zeigt. Die von Napoleon selbst per Dekret angeordneten Staatsfeste anlässlich seines Geburtstages am 15. August 1769 und seiner Krönung zum Kaiser der Franzosen am 2. Dezember 1804 wurden jährlich im gesamten Reich am gleichen Tag zur gleichen Stunde wiederholt. Die Feier der Krönung, bei der seit 1806 zugleich des Siegs in der Schlacht von Austerlitz gedacht wurde, verlegte man auf den ersten Sonntag im Dezember. Auch Napoleons Eheschließung mit Marie-Louise am 1. April 1810 und die Taufe ihres Sohns, des Königs von Rom, am 9. Juni 1811 wurden in allen Städten und Gemeinden des Kaiserreichs gefeiert. Besuchte der Kaiser eine Stadt, ließ er dort häufig nach dem Vorbild des traditionellen Entrées des Königs ein rituelles Fest ausrichten.

Ablauf und Programm der jährlichen Festlichkeiten schrieben die Behörden detailliert vor: Böllerschüsse und Glockenläuten kündigten das Ereignis am Vorabend und am frühen Morgen an. Beamte und Militärs waren ebenso zur Teilnahme verpflichtet wie Kardinäle und Bischöfe. Sie versammelten sich in der Mairie (dem Rathaus) beziehungsweise in der Präfektur und zogen gemäß der protokollarischen Rangordnung durch menschengesäumte, mit Blumen und Transparenten geschmückte Straßen zur Kirche. Nicht selten wurden weit über hundert Notabeln der jeweiligen Gemeinde beim anschließenden Bankett beköstigt. Arme erhielten Lebensmittel. Wie bei den Revolutionsfeiern organisierte man Spiele, sportliche Wettkämpfe und abendliche Tanzveranstaltungen, damit sich möglichst viele aktiv daran beteiligen konnten. Bei derlei Volksfesten hatten die örtlichen Behörden mehr Spielraum, um das Programm an lokale Traditionen und Gegebenheiten anzupassen. Die »verordnete Freude« diente dabei stets zugleich der Disziplinierung und sozialer Kontrolle. Ein ausgeklügeltes Berichtswesen lieferte bis zum Innenminister genaue Informationen über den Ablauf der Feiern, die Tätigkeit der Behörden sowie Zuspruch oder Ablehnung der Untergegebenen.

Zum offiziellen Festritus gehörten auch Wohltätigkeitsaktionen, darunter die Krönung einer »Rosière«. Die auf den Bischof von Nyon aus dem fünften Jahrhundert zurückgeführte Tradition, ein unbescholtenes Mädchen in der Kirche mit Rosen zu bekränzen und mit einer Geldspende zu belohnen, hatten im achtzehnten Jahrhundert viele nordfranzösische Gemeinden übernommen. Während der Revolution ehrte man statt der Frömmigkeit weltliche Tugend und bestimmte die Empfängerinnen der Mitgift mancherorts per Los. Vor der Krönungsfeier 1804 wurde per Dekret angeordnet, dass jede Gemeinde der großen Städte und jedes Arrondissement eine »fille pauvre et de bonne conduite« (ein armes Mädchen von gutem Benehmen) mit einer Mitgift von je sechshundert Francs ausstatte. Ihre Hochzeit sollte am Tag der Kaiserkrönung stattfinden und dadurch eine besondere Weihe erhalten. Nach einigen Jahren wurden die Mitgiftzahlungen an die Bedingung geknüpft, dass die jungen Mädchen eine Ehe mit verdienten Veteranen eingingen. Angesichts der Konskriptionen, vieler Desertionen und Verwundeter schien eine solche Symbiose von Fürsorge und politischer Einflussnahme ratsam. Anlässlich der Taufe des Thronfolgers stifteten einige Gemeinden mittellosen Eltern Geld oder Grundstücke, wenn ihre Kinder am selben Tag getauft wurden. Waren die öffentlichen Kassen leer, bezahlten

Bürgermeister die Aktionen teilweise oder ganz aus eigener Tasche.

Nicht allein die zivilen Behörden band der Kaiser in seinen Staatskult ein, er zwang auch die Kirche, sich hierfür in seine Dienste zu stellen. Mit dem Konkordat von 1801, das Napoleon noch als Erster Konsul der Französischen Republik mit dem Heiligen Stuhl geschlossen hatte, war bereits die Dominanz des Staates gegenüber der katholischen Kirche festgeschrieben worden, nach seiner Krönung zum Kaiser nutzte Napoleon diese Position, um seine Herrschaft zusätzlich zu legitimieren und festigen. Nach erfolgreichen Schlachten ordnete Napoleon aus den jeweiligen Hauptquartieren per Rundschreiben an die Bischöfe Dankgottesdienste an. Bei offiziellen Feiern, vor allem an seinem Namens- oder Krönungstag, waren Geistliche zu würdigenden Ansprachen verpflichtet. Schon vor der Exkommunikation des Kaisers durch Pius VII. im Juni 1809 regte sich im Klerus Widerstand gegen die Indienstnahme des Glaubens. Priester, die Vorschriften nicht einhielten, ließ Napoleon jedoch deportieren oder vorübergehend festsetzen. Den Papst selbst hatte der Kaiser gleich nach seiner Exkommunikation verhaften und 1812 dann nach Frankreich bringen lassen; erst nach Napoleons Abdankung 1814 kam Pius VII. aus seiner jahrelangen Internierung in Schloss Fontainebleau frei.

Der ambivalente Charakter der Alleinherrshaft, die Napoleon mit dem Übergang zum Kaisertum vollzog, erweist sich auch im Umgang mit der Marseillaise. Die 1792 von dem Pionieroffizier Rouget de L'Isle komponierte Hymne (ursprünglich das Kriegslied der Rheinarmee) hatte sich großer Beliebtheit erfreut und war auf allen größeren Bürgerfesten der jungen Republik gesungen worden. Der Konvent bestimmte am 14. Juli 1795 die Marseillaise zum »chant national«, zum Nationalgesang. Er sollte von den Musikkorps der Nationalgarde und der Linientruppen gespielt und jeden Tag beim Aufzug der Garde vor dem Palais National gesungen werden.

Bei der Überquerung des Mont Cenis auf dem Marsch zur Ebene von Marengo wurde die Marseillaise, die Bonapartes Truppen schon im ersten Italienfeldzug mitgerissen hatte, wieder zum Fanal. Doch Napoleon mochte die Hymne nicht, für ihn blieb es das Lied der Jakobiner, die er als seine politischen Feinde ansah. Hinzu kam, dass de L'Isle sich von ihm abwandte und schließlich antinapoleonische Pamphlete aus dem Englischen übersetzte und mit Vorbemerkungen versah. Kurz nach seinem Antritt als Erster Konsul hatte Napoleon noch bei de L'Isle ein »chant de combats« (Kampflied) in Auftrag gegeben, das allerdings nicht überzeugte. In der Folge des Staatsstreichs am achtzehnten Brumaire kam es dann zum endgültigen Bruch; de L'Isle blieb ein Anhänger der Republik, beim Volksentscheid über die Lebenslänglichkeit des Konsulats stimmte er mit Nein. 1804 hielt er dem Kaiser in einem Brief vor: »Was haben Sie aus der Freiheit gemacht, was haben Sie aus der Republik gemacht?«

Zu diesem Zeitpunkt hatte sich Napoleon der Marseillaise längst entledigt; am 14. Juli 1800 war sie in Paris für längere Zeit zum letzten Mal bei einer öffentlichen Zeremonie erklungen. Im Kaiserreich erklangen bei Paraden und offiziellen Zeremonien *Vive l'Empereur* (Es lebe der Kaiser) sowie *L 'Air des grenadiers français* (Lied der französischen Grenadiere), schließlich gab Napoleon eine Kaiserhymne in Auftrag, die fortan gespielt wurde: *Veillons au salut de l'Empire* (Wachen wir über das Wohl des Kaiserreichs). Dessen Text hatte Adrien Boy, ein Stabsarzt der Rheinarmee, bereits 1791 zur Melodie einer Liebesarie des populären Komponisten Nicolas Delayrac verfasst. Das napoleonische Regime ersetzte »empire«, das in einem allgemeinen Sinn den »Staat« oder das »Vaterland« bezeichnet, durch »Empire« (Kaiserreich). Boy beschwor ebenfalls die Freiheit und die Einheit des Reichs gegen die alten Mächte: »Jurons une union éternelle avec tous les peuples divers« (Geloben wir eine ewige Einheit mit den anderen Völkern), doch konnte sein *Veillons au salut de l'Empire* die Marseillaise nicht aus dem kollektiven Gedächtnis verdrängen.

Sie verschwand nicht einmal aus dem Gedächtnis von Napoleon selbst. Während des Russlandfeldzuges stimmte er beim Übergang über die Beresina im Jahr 1812 persönlich die erste Zeile »Allons, enfants de la Patrie!« an, damals fielen nur wenige Soldaten ein. Während der Hundert Tage nach seiner Rückkehr von Elba sangen die wieder unter seinem Adler dienenden Truppen die Marseillaise hingegen mit der aus der Revolutionszeit überkommenen Schärfe. Der junge Alexandre Dumas berichtete, er habe sie während des Belgienfeldzugs vernommen. In Waterloo stimmte die Alte Garde die Marseillaise an, als sie sich zum Karree formierte, um den Rückzug des Kaisers zu decken.

Die Restauration verbot das Singen dieser Hymne. Ihr Schöpfer wurde wegen Schulden im Alter von sechsundsechzig Jahren ins Gefängnis geworfen. Dank der Hilfe von Freunden kam er frei und überlebte einen Schlaganfall.

Seine Marseillaise erlangte erneut Bedeutung, als sie im Juli 1830 auf den Barrikaden erklang.

Eugène Delacroix hat diesem historischen Moment Ausdruck verliehen in seinem grandiosen Gemälde »Die Freiheit führt das Volk«.

Der Sturz

Napoleon war nicht nur Erbe und Fortsetzer der Revolutionskriege, sondern auch der französischen Europapolitik seit Ludwig XIV.; an deren Grundgegebenheiten konnte er nichts ändern. England hatte Interesse am politischen Gleichgewicht auf dem Kontinent, ohne eine beherrschende Vormacht, nur so konnte es seine ökonomischen Interessen durchsetzen, es musste die Meere beherrschen für seine Kolonien; dazu brauchte es eine starke Flotte. Napoleon sprach gern von seinem »europäischen System«, konnte es aber nicht genau definieren. Er sprach zunächst von Frankreichs »limites naturelles«, seinen natürlichen Grenzen, also von einem Frankreich zwischen dem Rhein, den Alpen und den Pyrenäen sowie dem Atlantischen Ozean. In dem Maße, in dem seine Politik immer expansiver wurde, verloren jedoch derlei Grenzen für ihn ihre Bedeutung. Von den mehr als einhundertdreißig Departements, aus denen sein Reich schließlich bestand, lagen einige weit auf deutschem Territorium, so im Raum Lübeck oder Hamburg, aber auch in Italien.

Napoleons Bündnispolitik war nicht weniger fragwürdig, die dazu notwendigen Partner schuf er notfalls selbst, wie etwa das Königreich Westphalen, zu dessen Hauptstadt Kassel bestimmt wurde, fern des historischen Herzogtums Westfalen gelegen. Als dessen König bestimmte er seinen Bruder Jérôme, der dort einen deutschen Musterstaat schaffen sollte. Zu den neuen »royaumes napoléonides«, den napoleonischen Königreichen, gehörten auch Bayern und Württemberg, deren Herrscherfamilien durch diese Rangerhöhung dafür belohnt wurden, dass sie rechtzeitig die Seiten gewechselt hatten. Napoleon war so ein Verhalten nicht fremd; er selbst wechselte gleich dreimal seinen wichtigsten Verbündeten, zuerst war es Spanien, dann Russland, schließlich Österreich.

Nicht immer vollzog er diesen Wechsel ganz freiwillig, der Friede von Tilsit mit Russland etwa, der 1808 in Paris aufwendig gefeiert wurde, war eine große Selbsttäuschung der Franzosen. Da sich die Kontinentalsperre als ökonomisches Desaster für Russland erwies, das auf Handel mit England angewiesen war, öffnete der Zar 1810 die russischen Häfen wieder für englische Waren. In den folgenden zwei Jahren steigerten sich die Spannungen zwischen den beiden Bündnispartnern, bis Napoleon und Alexander jeder für sich den Entschluss fassten, den Konflikt gewaltsam zu lösen. Für den großen Strategen, der bislang jeden Gegner bezwungen hatte, endete sein Russlandfeldzug im größten militärischen Desaster, das die Neuzeit bis zu diesem Zeitpunkt erlebt hatte.

Sein persönliches Desaster folgte auf dem Fuß. Napoleon, der nicht frei von Aberglauben war und viel auf Vorahnungen und Vorbedeutungen gab, wurde darauf hingewiesen, dass 1813 ein ungünstiges Jahr sei. Es beginne und ende jeweils mit einem Freitag und habe dreizehn Mondphasen. Und tatsächlich markierte es den Wendepunkt in Napoleons Schicksal, seinen endgültigen Niedergang. Allenthalben wurde gemurmelt: Napoleon könnte Frieden schließen, doch er wolle es nicht, Schuld daran seien seine Besessenheit, sein Starrsinn und sein Hang zum Despotismus. Auch war nun wieder die Rede vom »ogre corse«, dem korsischen Menschenfresser: Die Grande Armée existierte seit der Niederlage in Russland nicht mehr, Napoleons Gegner wurden mutiger. Ganz Deutschland erhob sich gegen ihn. Neue Soldaten für die französische Armee wurden daher nur noch in Frankreich ausgehoben, was mit vielen Ungerechtigkeiten verbunden war, weil ein Lossystem angewandt wurde, bei dem man sich freikaufen oder vertreten lassen konnte. Die jungen, kaum ausgebildeten Rekruten wurden gnadenlos ins Feuer geschickt; man nannte sie »les Marie-Louise«, nach des Kaisers zweiter Frau. Die Anzahl der Deserteure stieg ins Unermessliche, im Volk wuchs die Sehnsucht nach Frieden. Seit 1805 herrschte ununterbrochen Krieg, die Arbeiten auf den Bauernhöfen mussten von Frauen und Kindern erledigt werden. Hinzu kamen wirtschaftliche Probleme für die entstehende Industrie infolge der gescheiterten Kontinentalsperre. In Paris erhöhte sich die Arbeitslosigkeit enorm. Der Wert von Aktien der Banque de France fiel ins Bodenlose. Zugleich wurde die Grundsteuer drastisch erhöht. Die Stimmung im Land war gereizt, auch die oberen Schichten waren nervös.

Schon 1812, während des Russlandfeldzugs, hatte ein Hochstapler in schmucker Uniform in Paris die Falschmeldung verbreitet: »Der Kaiser ist tot.« Sogleich waren die höchsten Würdenträger und einige Generäle zusammengetreten, um eine neue Regierung zu bilden. In ihren Überlegungen spielte Napoleons Sohn als Thronfolger gar keine Rolle. Es war eine Vorahnung auf das Kommende. Nach der Völkerschlacht bei Leipzig belagerten die Alliierten die französische Hauptstadt, die schließlich von Russen und Preußen besetzt wurde, und zwangen Napoleon zur Abdankung. Er vollzog sie im Schloss Fontainebleau, nachdem er zuvor vergeblich versucht hatte, sich das Leben zu nehmen. Er hatte dabei Gift geschluckt, das er sich vor dem Russlandfeldzug hatte geben lassen, das nun aber zu alt und nicht mehr wirksam war. Es verursachte nur Übelkeit und Erbrechen. Im Hof des Schlosses nahm Napoleon bewegenden Abschied von seiner Alten Garde und akzeptierte die Verbannung auf die Insel Elba; sein neues Reich war kaum größer als ein Departement. Doch die ihm gemachten Zusagen wurden nicht eingehalten, die versprochenen Gelder wurden nicht überwiesen. Seine Frau Marie-Luise kam nicht, wie angekündigt, mit ihrem gemeinsamen Sohn nachgereist; hingegen besuchte ihn Maria Walewska mit dem gemeinsamen Sohn.

Mit den ersten Veilchen ist er wieder da, prophezeite damals Joseph Fouché, Napoleons ehemaliger Polizeiminister, der den Ehrgeiz und das Temperament des Korsen gut kannte, und so kam es auch. Napoleon kam zurück von seinem Verbannungsort Elba, den er so energisch regiert hatte, und die zwanzig Tage seines Rückmarsches in die Hauptstadt waren vielleicht sein schönster Feldzug; so meinten jedenfalls die Schriftsteller seiner Zeit. Chateaubriand sah darin die »Invasion eines Landes durch einen einzelnen Mann«, und Lord Byron bekannte nach Napoleons Landung in Frankreich in einem Brief an Thomas Moore: »Ob man will oder nicht, man ist hingerissen und überwältigt von seinem Charakter und seiner Laufbahn.« Napoleons Marsch auf Paris glich einem spektakulären Triumphzug, ähnlich dem nach seiner Rückkehr aus Ägypten. Die sogenannte *Route Napoléon* hat heute noch große touristische Bedeutung. Der »Flug des Adlers«, wie seine Propaganda den Marsch von der Mittelmeerküste bei Fréjus bis zum Tuilerienpalast in Paris nannte, löste große Begeisterung im Lande aus, aber statt die in Wien versammelten Mächte mit einem Friedensangebot zu überraschen und Frankreich als saturiert zu erklären, plante Napoleon sofort den nächsten Feldzug gegen die europäischen Nachbarn.

Die allgemeine Begeisterung verflog daher alsbald, dafür legte er sich selbst politische Fesseln an, als er eine liberale Verfassung ausarbeiten ließ, geschrieben unter dem Einfluss des Staatsrechtlers Benjamin Constant. Indem sich Napoleon zum konstitutionellen Monarchen machte, lähmte er seine Entschlusskraft, auch war er geistig und physisch nicht mehr der alte Eroberungskaiser, und so endete die »Herrschaft der Hundert Tage« (einhundertzehn Tage, wenn man genau rechnet) Mitte Juni 1815 im belgischen Waterloo mit einem weiteren militärischen Debakel, unzähligen Opfern und dem Ende seiner politischen Rolle auf dem europäischen Schauplatz.

Fouché, den Napoleon nach seiner Rückkehr von Elba mangels anderer Verbündeter in der Hauptstadt erneut zum Polizeiminister berief, hatte die Pläne des Kaisers nach Kräften hintertrieben, ganz im eigenen Interesse, und um sich bei den Bourbonen beliebt zu machen; er diente der royalen Familie sowohl nach Napoleons Verbannung nach Elba wie nach den »Hundert Tagen«. Ob er dabei auch im Interesse Frankreichs gehandelt hat, steht auf einem anderen Blatt. Talleyrand, der zwar auch nie sein persönliches, sprich finanzielles Interesse vergaß, konnte als französischer Vertreter auf dem Wiener Kongress von 1815 immerhin für sich in Anspruch nehmen, die Interessen seines Landes zu vertreten, um es als Großmacht in Europa zu erhalten und Rachewünsche der einstigen Kriegsgegner abzuwehren. Dafür ließ er sich von allen Seiten bezahlen.

Der Wiener Kongress setzte transnationale Regeln durch: zum Beispiel die freie Fahrt auf allen Flüssen Europas, zuerst angewandt auf Rhein, Schelde und Mosel, und bestimmte dafür vier Garantiemächte, die im Konfliktfall vermitteln sollten, was bis 1914 auch funktionierte. Preußen wurde vergrößert, Österreich erhielt Territorien in Italien und dort auch direkten Zugang zum Meer. Spanien wurde den Bourbonen wiedergegeben. Vor allem aber stieg mit dem Ende Napoleons England zur Vormacht in Europa auf, es war der eigentliche Sieger der Kriege seit 1792. Auf dem Kontinent wiederum wurde Russland als europäische Großmacht anerkannt. Mit Napoleons Sturz 1815 endete die Vormachtstellung Frankreichs in Europa.

Als Napoleon nach seiner Niederlage in Waterloo endgültig abdankte, lehnte er es ab, sich nach Übersee zu retten. »Wäre ich wie mein Bruder Joseph nach Amerika gegangen«, so erklärte er später, »hätte man mich bald vergessen, und meine Sache wäre verloren.« Stattdessen begab er sich in englische Gefangenschaft und verkündete: »Ich habe meine politische Laufbahn beendet.« Tatsächlich lag sein Schicksal in Europa. Eine zeitgenössische englische Karikatur resümiert großartig die politischen Zwänge, unter denen Napoleon handeln musste. Man sieht darin einen gierigen Napoleon, der sich ein großes Stück aus dem als Plumpudding dargestellten Weltball herausschneidet, und zwar ein Stück von Kontinentaleuropa. Er hatte nur die Möglichkeit, zwischen politischen und militärischen Mitteln zu wählen, Gebiete zu erobern und zu ordnen, Grenzen zu sichern oder aber eine dynastische Heiratspolitik zu betreiben wie die Habsburger. In einem anderen politischen System, etwa in Amerika, hätte er sich in ein präetabliertes Parteiensystem einordnen müssen (was den unehelichen Nachfahren seines jüngsten Bruders Jérôme allerdings großartig gelang). Auch in dem politischen System Amerikas galten die Prinzipien politischen Handelns, wie sie Machiavelli formuliert hatte. Aber man musste nicht mit gezogenem Säbel an der Spitze von Armeen ausziehen, was Napoleon sein Leben lang getan hatte; und was im Sterben auf Sankt Helena seine letzte Vision war, als er die Wörter murmelte: »tête… armée…« Das war sein Fluch gewesen, seinen Truppen voranzuziehen und sein Leben zu riskieren, um seine politische Macht zu stärken, was ihm aber nur auf begrenzte Zeit gelang, nämlich, solange er nicht militärisch besiegt worden war.

Frauen

Napoleon war stets auf sein Bild in der Öffentlichkeit (und in der Geschichte) bedacht, und das beeinflusst auch, was wir über ihn und seine Beziehungen zu Frauen wissen; wie wir bereits gesehen haben, trifft dies auch auf seine Mutter und die Szene zu, wie sie mit ihm niederkam. Letizia war fromm, besaß gesunden Menschenverstand und galt als besondere Schönheit. Mit ihr sprach Napoleon sein Leben lang Italienisch, nur die Briefe an sie schrieb er auf Französisch. Sie förderte die Begabung ihres Zweitgeborenen und übte starken Einfluss auf ihn aus, indem sie etwa die Leselust ihres Jungen bestärkte und ihm in der Casa Buenaparte eine stille Ecke für die Lektüre einrichtete, eine Laube auf einer Terrasse dieses dreistöckigen Hauses mit seinen gelben Wänden.

Später folgte Letizia ihrem Sohn in die Hauptstadt, wo sie schließlich ein großes Haus besaß, das Hôtel de Brienne in der Rue Saint-Dominique, das später zum Sitz des Kriegsministeriums wurde. Sie erhielt zuweilen Besuch von ihrem Schwager Kardinal Joseph Fesch, der Napoleon seinen Aufstieg in der Kirchenhierarchie verdankte, mit dem sie gern Karten spielte, meist Reversi. Sie lebte ohne strenges Protokoll, liebte Gesang mehr als Instrumentalmusik und versuchte, Kontakt zu ihren Kindern und Enkeln zu halten.

Manche Zeitgenossen hielten sie, die man auch »mater regum« (Mutter der Könige) nannte, für »die glücklichste

Mutter der Welt«, aber ihr Leben war voller Sorge. 1811 besuchte sie ihren jüngsten Sohn Jérôme in Kassel, dessen Frau Katharina sehr freundlich zu ihr war. Während Napoleon in Russland weilte, unternahm Letizia eine Kur in Aachen. Sie betreute den kleinen König von Rom, ihren Enkel. Nach der ersten Abdankung des Kaisers ging sie ins Exil nach Rom, schrieb sehr viele Briefe und ging noch mehr spazieren, wurde sogar vom Papst empfangen. Als Napoleon von Elba zurückkehrte, eilte auch sie nach Paris, um ihm beizustehen.

Bald darauf, Anfang Juni, kam es dort zum endgültigen Abschied von Mutter und Sohn, als der Kaiser in Richtung Belgien aufbrach. Sie sagte: »Leb wohl, mein Sohn«. Er erwiderte: »Leb wohl, Mama!« Am 18. Juni verlor ihr Sohn seine letzte Schlacht, in Waterloo. Letizia wäre ihm nach Amerika gefolgt, aber dorthin sollte Napoleon nicht gelangen. Sie selbst verkaufte ihr Haus in Paris für achthunderttausend Francs und zog wieder nach Rom, wo sie ihren Lebensabend verbrachte. Ihr dortiges Palais ließ sie von Lucien im Empirestil einrichten und ließ darin eine verkleinerte Kopie von Antonio Canovas Statue des Kaisers als friedensbringender Mars aufstellen.

Napoleons Verhältnis zu Frauen war umso stärker von seinem politischen Ehrgeiz bestimmt, je höher er aufstieg, und auch in Liebesdingen pflegte er zeitlebens eine Haltung, die mit Blick auf das andere Geschlecht im Zweifelsfalle eigennützig ausfiel. Seine erste sexuelle Erfahrung machte Napoleon wie viele junge Männer jener Zeit bei Prostituierten. Dazu ging man zum Palais Royal, das urbanistisch gesehen, eine Vorstufe zu den Boulevards bildete und in dessen Arkaden sich viele Cafés und Boutiquen befanden, vor denen sich die Damen des Gewerbes tummelten. Zugleich war es ein Ort der freien Meinungsäußerung. Gerade in der Frühzeit der Revolution wurde hier eifrig diskutiert und agitiert und kolportiert. Auch der Herzog von Orléans, der spätere Philippe Égalité begann hier seine politische Laufbahn, die so tragisch endete.

Napoleon schildert dieses Erlebnis in einem Bericht, der auf den 22. November 1787 datiert ist, da war er achtzehn Jahre alt. Auf dem Rückweg von einer Theatervorstellung zu seiner Unterkunft im Hôtel de Cherbourg durchquerte er die Arkaden des Palais Royal, eine der vielen Prostituierten sprach ihn an und schlug vor, mit ihm auf ihr Zimmer zu gehen, um sich aufzuwärmen. Napoleon befriedigte sich rasch, befragte sie, wie sie zu diesem Beruf gekommen sei. Sie erzählte von ihrem Elend. Hernach schrieb er dieses Erlebnis auf, der Text blieb erhalten.

Eine andere Frage betraf Napoleons Ansichten über die gesellschaftliche Rolle der Frau. Laut seinem *Code civil* sollten Frauen ihrem Vater oder ihrem Gatten gehorchen, das entsprach auch seinen privaten Ansichten. Intellektuelle Frauen mochte er gar nicht, weshalb er auch keinen Sinn für die hochgebildete Tochter des einstigen Finanzministers Jacques Necker hatte, Germaine de Staël. Ihr erstes Zusammentreffen ereignete sich im Januar 1798 im damaligen Sitz des Außenministeriums, dem Hôtel de Gallifet, wo Talleyrand einen Empfang gab; heute erinnert dort eine Gedenktafel an diese Begegnung.

Im Rückblick sprach Napoleon auf Sankt Helena durchaus mit Respekt von Mme. de Staël: »Ihr Schlösschen in

Coppet wurde eine regelrechte Waffenkammer gegen mich, dorthin ging man, um sich gegen mich zu rüsten, sie stachelte viele Feinde gegen mich auf, andererseits kann niemand leugnen, dass Mme. de Staël eine Frau von großem Talent war, sehr edel und von großem Geist: sie wird bleiben. Und trotz allem, was sie gegen mich unternommen und Schlimmes von mir behauptet hat, bin ich weit entfernt davon, sie für bösartig zu halten, ihr Rang und ihr Talent sorgten dafür, dass sie in Paris in den einflussreichen Kreisen viel gegen mich bewirkt hat, wir haben uns viele Scharmützel geliefert, das ist alles.«

Er hätte hinzufügen müssen, dass er ihre Schriften zensiert und verboten hatte und es ein glücklicher Zufall war, dass die Korrekturfahnen ihres bedeutendsten Buches – *De l'Allemagne* (Über Deutschland) – erhalten blieben; das Manuskript und die erste Auflage von zehntausend Exemplaren hatte er vernichten lassen, kurz bevor sie in den Handel kam. Erst mit drei Jahren Verspätung, wenige Wochen vor Napoleons Niederlage in der Völkerschlacht von Leipzig, erschien daher in London eine neue Auflage dieses Werkes, dessen lange Wirkungsgeschichte das Deutschlandbild der Franzosen prägen sollte.

Die wichtigste Frau in Napoleons Leben, nach eigener Aussage die einzige, die er je wirklich geliebt habe, war Marie-Josèphe Rose de Beauharnais, von ihm Joséphine genannt, die geschiedene Frau des von den Jakobinern hingerichteten Generals Alexandre de Beauharnais. Sie kam aus wohlhabendem Hause, ihre Eltern waren durch Zuckerplantagen auf Martinique zu Reichtum gekommen.

Zu ihren zahlreichen Geliebten in Paris gehörte Paul Barras, dem Napoleon sein erstes großes Kommando und politische Beförderung verdankte. Joséphine stand am Beginn von Napoleons Aufstieg, sie war der Talisman seines Glücks, sie führte den Korsen in die Pariser Gesellschaft ein, in der sie eine zentrale Rolle spielte, dank ihres viel frequentierten Salons. Sie führte ihn auch in die Geheimnisse der Liebe ein.

Auf Sankt Helena erzählte Napoleon, wie sie sich kennengelernt hatten: Ein junger Mann, Eugène de Beauharnais, habe im Generalstab vorgesprochen, weil er den Degen seines hingerichteten Vaters behalten wollte, als die Bürger auf Befehl des Stadtkommandanten Napoleon alle Waffen abgeben sollten. Napoleon gewährte dem Vierzehnjährigen den Wunsch und empfing am nächsten Tag die dankbare Mutter: Joséphine. Schon bald gewann Napoleon auch das Vertrauen von Eugènes Schwester Hortense. Noch vor seinem Italienfeldzug heiratete Napoleon Joséphine zivilrechtlich; er schrieb ihr sehnsüchtige, schwärmerische Liebesbriefe, während sie ihn mit einem schönen, jungen, aber bedeutungslosen Offizier namens Hippolyte Charles betrog, wie er sehr wohl erfuhr. Napoleons Familie hingegen mochte die dunkelhäutige Frau nicht, seine Geschwister intrigierten gegen sie, dabei sollten sie alle miteinander von ihrer Patenschaft profitieren. Joséphine war der Talisman von Napoleon, die Garantin seines Glücks. Er sah ihrer beider Arbeitsteilung so: »Ich gewinne die Kriege; sie gewinnt die Herzen!«

Wenn es nur so geblieben wäre! Tatsächlich war Napoleon selbst das größte Hindernis zu ihrem gemeinsamen Glück. Zahllos sind die Geschichten über seine Affären, unter anderem mit der Kaufmannstochter Éléonore Denuelle, der Vorleserin seiner Schwester Caroline. Es wird vermutet, Caroline habe die beiden bewusst zusammengebracht, um ihrer verhassten Schwägerin zu schaden. Zwar ging aus dieser Beziehung im Jahr 1806 ein Kind hervor, allerdings zog Napoleon seine Vaterschaft in Zweifel. Er erhob seinen Sohn in den Grafenstand und sicherte ihn finanziell ab, den Kontakt zu Éléonore jedoch brach er vollständig ab.

Die bekannteste seiner Liebesgeschichten begann wenig später in Warschau, im Januar 1807, und dauerte mehrere Jahre an, bis zu Napoleons Verbannung. Einen ganzen Monat verbrachte der Kaiser in der polnischen Hauptstadt und lernte dort die junge (und sehr umschwärmte) Gräfin Maria Walewska kennen. Sie war mit einem mehr als fünfzig Jahre älteren polnischen Adeligen verheiratet, der sehr eifersüchtig war, der Liaison letztlich aber nicht im Wege stand, wohl auch auf Druck polnischer Patrioten, die sich Napoleons Unterstützung im Kampf gegen die russische und preußische Unterdrückung erhofften. Als Maria Walewska dem Kaiser am 6. Mai 1810 in Warschau den Sohn Alexandre gebar, akzeptierte Graf Walewski Napoleons Bitte, die offizielle Vaterschaft zu übernehmen, obwohl allgemein bekannt war, dass die Eheleute längst getrennt lebten. Alexandre Colonna-Walewski war, anders als seinem später geborenen legitimen Halbbruder, eine glänzende Karriere bestimmt. Im Zweiten Kaiserreich wurde er von Napoleon III. zum Botschafter ernannt, unter anderem in Rom, in London und in Moskau, als französischer Außenminister unterzeichnete er 1856 schließlich das Friedensabkommen nach dem Krimkrieg.

Napoleons polnische Romanze wurde Jahrzehnte später zum literarischen und cineastischen Stoff. Am Anfang stand der Roman *Pani Walewska* (Madame Walewska) von

Wacław Gąsiorowski aus dem Jahr 1904, aus dem Ignacy Nikorowicz 1906 ein Theaterstück machte. Der Roman wurde in mehrere Sprachen übersetzt, sowohl ins Deutsche wie ins Französische. 1913 schrieb der deutsche Autor Robert Heyman den Roman *Ein Liebestraum. Napoleon I. und die Gräfin Walewska.* 1925 erschien in Paris schließlich der Roman *Le grand amour caché de Napoleon I.* von Octave Aubry (Die große heimliche Liebe von Napoleon I.). 1937 bemächtigte sich Hollywood des Stoffes; man drehte dort den Film *Conquest* mit der Schwedin Greta Garbo in der weiblichen Hauptrolle. In Polen gibt es seit langem ein Parfum, das, wie Gąsiorowskis Roman, *Pani Walewska* genannt und in länglichen, dunkelvioletten Fläschchen vertrieben wird.

Im realen Leben hatte diese lang andauernde Affäre ganz unmittelbare Folgen. Zum Kaiser geworden, war Napoleon zusehends von der Idee der Nachfolge beherrscht, der Gedanke an seine Zeugungsfähigkeit geriet geradezu zu einer Obsession. Josephine aber war infolge einer Fehlgeburt unfruchtbar geworden, konnte ihm also keine Kinder schenken. Wollte er einen legitimen Erben haben, musste er sich somit von der Kaiserin trennen. Kaum dass Maria Walewska schwanger war und seine Zeugungsfähigkeit somit außer Frage stand, beantragte er daher im Dezember 1809 vom Senat, die Scheidung von Joséphine zu billigen. Als wenig später die Pariser Diözese die kinderlose Ehe annulliert hatte, erklärte der Kaiser, nun wolle er »einen Schoß heiraten«.

Napoleon wollte seinen Thron aber nicht nur durch einen legitimen Sohn, sondern auch mit einem politischen Bündnis und mit seiner Anerkennung durch die etablierten Dynastien in Europa abgesichert wissen. Bereits nach der öffentlichen Verbrüderung mit Zar Alexander auf dem Fürstentag in Erfurt 1808 hatte er gehofft, dessen vierzehnjährige Schwester, die Großfürstin Anna, ehelichen zu können und ließ deshalb noch vor der offiziellen Trennung von Joséphine um deren Hand anhalten, aber Alexander verweigerte seine Zustimmung. In Wien fand man schließlich eine geeignete Kandidatin: Marie-Louise, die älteste Tochter des österreichischen Kaisers Franz. Sie beugte sich der Staatsräson.

Napoleon drängte auf eine rasche Heirat und ließ sogleich einen Ehekontrakt aufsetzen, der mit dem 1770 für Marie-Antoinette verfassten übereinstimmte, der Großtante Marie-Louises, die in Paris unter dem Fallbeil gestorben war. Am 8. März 1810 sprach Marschall Louis Berthier offiziell als Brautwerber vor, drei Tage später schloss er als Stellvertreter die Ferntrauung in der Augustinerkirche der Hofburg, am 13. März begab sich Marie-Louise auf die Reise nach Paris. Ihre Kolonne soll einundachtzig Wagen umfasst haben. Wie einst Marie-Antoinette wurde sie am Grenzort Braunau am Inn den Franzosen übergeben, mitten auf der Brücke zum bayerischen Ort Simbach. In einem Zelt musste sich die Braut sämtlicher Kleider und Schmuckstücke entledigen, damit sie, neu eingekleidet, in eine neue Existenz wechseln konnte.

Napoleon bereitete den Empfang der künftigen Kaiserin wie seine Kriegszüge akribisch vor, bei aller Eile sollte sie mit großem Pomp begrüßt werden. Er kümmerte sich um die Details der Feierlichkeiten, um den Brautschmuck, verbesserte seine Kondition, ließ sich von Hortense de Beauharnais, der Frau seines jüngeren Bruders Louis im Tanzen unterweisen. Ungeduldig fuhr er Marie-Louise am 27. März 1810 bis zum Dorf Courcelles entgegen. Die Hochzeitsnacht im Schloss Compiègne dürfte glücklich verlaufen sein, das Paar trennte sich in den folgenden Tagen kaum. Nach der Ziviltrauung am 1. April in Saint-Cloud hielten sie in zwei Karossen Einzug in Paris, jede wurde von acht Pferden gezogen, weitere Kutschen und Eskorten der Kaiserlichen Garde geleiteten sie zu den Tuilerien.

Für die kirchliche Hochzeit hatte man im Louvre den großen Salon in eine Kapelle umgewidmet. Nicht alle folgten dem Protokoll: Napoleons Schwestern und Schwägerinnen sträubten sich zunächst, Marie-Louises Schleppe zu tragen; dreizehn Kardinäle boykottierten die Zeremonie, sie wurden tags darauf in Provinzstädte verbannt. Am Abend gab es ein offizielles Festessen in den Tuilerien und Speisen für die Armen. Paris soll so prächtig wie nie zuvor geschmückt und illuminiert gewesen sein, aber es sei kein Frohsinn aufgekommen. Der Präfekt Thibaudeau empfand die Hochzeitsfeier sogar als »kalt und traurig wie eine Beerdigung«.

Bei Napoleons Ehe mit der habsburgischen Erzherzogin war auf beiden Seiten so viel Berechnung im Spiel, dass es erstaunt, dass sich zwischen beiden ungleichen Partnern so etwas wie Zuneigung, ja Liebe, vorübergehend sogar ein fast bürgerliches Familienglück einstellte. Die achtzehnjährige Kaiserin, im Hass auf Napoleon erzogen, der als schlimmster Feind Österreichs galt, besaß wenig Charme und scheute öffentliche Auftritte. Doch zur Verwunderung seiner Geschwister schien Napoleon in sie verliebt. Marie-Louise wurde schnell schwanger und brachte am 20. März

1811 nach einer sehr schweren Geburt einen Sohn zur Welt, dem bereits ein Senatskonsult vom 17. Februar 1810 den mittelalterlichen Titel Roi de Rome (König von Rom) zugesprochen hatte. Seine Vornamen Napoléon François Joseph Charles verwiesen auf die Verbindung der Häuser Bonaparte und Habsburg. François stand für Franz, den ersten Paten und Vater der Mutter, Joseph für den zweiten Paten, den König von Spanien, Charles für den Großvater väterlicherseits.

Der Hof blieb Marie-Louise fremd. Sie hatte keine Machtambitionen, wurde aber auf Geheiß Napoleons am 5. Februar 1813 vom Senat als Regentin für ihren Sohn eingesetzt. Auf diese Weise wollte er das Überleben seiner Dynastie sichern, falls ihm etwas zustieße. Napoleon vermittelte seiner Gattin einige Grundzüge des Regierens, ließ sie auch an Ministerberatungen teilnehmen. Der Kaiserin wurde ein Regentschaftsrat beigestellt, dem die Inhaber wichtiger Ämter des Reichs angehörten. Dieses Gremium agierte, während Napoleon in Sachsen Krieg führte und im Februar/März 1814 gegen die Alliierten kämpfte. Sie erwies sich als zuverlässig und sogar als tapfer, als Preußen und Kosaken 1814 Paris besetzten.

Nach der Abdankung des Kaisers wurde Marie-Louise hingegen zum Spielzeug politischen Kalküls und politischer Machenschaften, wie sie es zu Zeiten ihrer Ehe mit dem Kaiser nie gewesen war. In Frankreich ohne eigenen Rückhalt, unterwarf sie sich ihrem Vater, der sie und ihren Sohn nach Wien bringen ließ. Napoleons Rückkehr aus Elba im März 1815 besiegelte Marie-Louises Rückverwandlung in die Erzherzogin. Man entließ ihr französisches Personal, montierte die kaiserlichen Zeichen an ihren

Kutschen ab und nötigte sie zu einer öffentlichen Erklärung, in der sie sich von Napoleon lossagte.

Metternich gab Marie-Louise in Wien einen Kavalier zur Seite, General Adam-Adalbert Graf von Neipperg, einäugig, aber mit guten Manieren, dessen Charme sie bald erlag und der ihr daher nicht nur als Minister diente, nachdem sie 1816 im Vertrag von Fontainebleau das Herzogtum Parma, Piacenza und Gustalla zugesprochen bekam.

Als sie Neipperg nach Napoleons Tod in aller Heimlichkeit morganatisch heiratete, hatte sie ihm bereits zwei Kinder geboren. Schon während Napoleons Verbannung nach Sankt Helena hatte Metternich dafür gesorgt, dass Marie-Louise ausführlich informiert wurde über Napoleons Liebschaften und seine unehelichen Kinder, sodass ihre innere Bindung an ihren kaiserlichen Gemahl schon geschwunden war, ehe sie im Frühjahr 1821 von seinem Ableben erfuhr. Als sie nach Parma übergesiedelt war, hatte sie noch ein Porträt von Napoleon in schlichter Uniform mitgenommen, das der Hofmaler François Gérard 1805 gemalt hatte. 1834 starb Neipperg, und sie ging eine Ehe mit dem Grafen Charles-René Bombelles ein. Unter ihrer Herrschaft blühte Parma auf.

Marie-Louise selbst starb 1847. Beigesetzt wurde sie in der Kapuzinergruft in Wien wie alle Mitglieder des Hauses Habsburg. Auf ihrem Sarkophag wurde vermerkt, dass sie Kaiserin von Frankreich gewesen war. Die französische Nachwelt hat recht böse von ihr geredet, was ungerecht war.

Abb. 1: Als Napoleons sterbliche Überreste im Hafen von Jamestown auf Sankt Helena auf die französische Fregatte Belle Poule gehoben wurden, wurde auf den Begleitschiffen die Flagge gesenkt und Salut gefeuert. Am nächsten Morgen las man an Deck zunächst eine Totenmesse, bevor sich die kleine Flotte auf die Rückfahrt über den Atlantik in Richtung Cherbourg machte.

Abb. 2: Antonio Canovas Monumentalstatue von Napoleon als friedensbringender Mars orientiert sich an den Augustusdarstellungen der römischen Antike. Napoleon selbst war wenig begeistert vom Resultat und ließ das marmorne Original nicht ausstellen. 1816 verkaufte es Ludwig XVIII. an die britische Regierung, die die Skulptur dem Herzog von Wellington schenkte, dem Sieger der Schlacht von Waterloo. Eine verkleinerte Kopie stellte Napoleons Mutter Letizia in ihrem Palais auf.

Abb. 3: Für den Fall, dass sein Leichnam nicht nach Frankreich überführt würde, hatte sich Napoleon auf Sankt Helena einen Ort ausgesucht, an dem er begraben werden wollte. Die Franzosen wollten »Napoleon I.« auf die Grabplatte eingravieren lassen, die Briten hingegen nur »General Bonaparte«, schließlich blieb das Grab ohne Inschrift.

Abb. 4: Louis-François Lejeune malte dieses Bild vom Vorabend der Schlacht von Austerlitz (2. Dezember 1805) als Teil eines größeren Regierungsauftrags, die Siege Napoleons darzustellen. Das Gemälde wurde 1808 erstmals in Paris der Öffentlichkeit präsentiert und zeigt im Zentrum die Besprechung Napoleons mit seinen Generälen.

Abb. 5: Benjamin Zix begleitete Napoleon von 1805 auf seinen Feldzügen und diente als sein zeichnerischer Historiograph. Auf diesem Blatt hielt er den Besuch des Kaisers im Lazarett nach der Schlacht von Jena vom 14. Oktober 1806 fest.

Abb. 6: Als junger Offizier verliebte sich Napoleon in die Tochter eines wohlhabenden Kaffeehändlers aus Marseille, Désirée Clary; sie heiratete später General Bernadotte und wurde an seiner Seite 1829 unter dem Namen Desideria Königin von Schweden und Norwegen, nachdem ihr Ehemann bereits 1810 vom kinderlosen Königspaar in Stockholm adoptiert worden war.

Abb. 7: Napoleons Weg zum Kaisertum führte über das Konsulat, das er zunächst gemeinsam mit Jean-Jacques-Régis Cambacérès und Charles-François Lebrun bekleidete. 1802 ernannte ihn der Senat zum Konsul auf Lebenszeit; Senatspräsident Barthélémy erklärte, fortan werde Napoleon nur noch »für das Wohlergehen und das Glück des französischen Volkes leben«.

Abb. 8: Am Heiligabend des Jahres 1800 verübten sieben Royalisten ein Attentat auf Napoleon, der sich auf dem Weg in die Oper befand. Die von ihnen platzierte Höllenmaschine explodierte allerdings erst, als die Kutsche bereits vorbeigefahren war, und tötete fünf Passanten. Napoleon suchte die Schuldigen nicht unter den Royalisten, sondern den Jakobinern, die ihm die größere Gefahr schienen, und ließ vier vermeintliche Drahtzieher köpfen und 130 Personen außer Landes schaffen.

Abb. 9: In seinem berühmten Gemälde der Krönungszeremonie vom 2. Dezember 1804 degradiert Jacques-Louis David den müde dreinschauenden Pius VII. fast zur Staffage. Hinter Napoleon sitzend, der gerade die Krone emporhebt, die er Joséphine aufs Haupt setzen wird, ist der Papst halb von den Herolden verborgen, die Reichsapfel und Zepter tragen.

Abb. 10: Wenn er schon nicht für sein Land kämpfe, so male er wenigstens für es, schrieb Eugène Delacroix über dieses Bild von der Julirevolution des Jahres 1830. Die umstürzlerische Botschaft war allerdings auch dem neuen Regime unter dem Bürgerkönig Louis-Philippe zu heikel, weshalb das vom Staat aufgekaufte Gemälde bald im Depot verschwand.

Abb. 11: Zu den denkwürdigsten Szenen der Weltgeschichte gehört das Treffen von Kaiser Napoleon und Zar Alexander I. nach der Schlacht von Friedland auf zwei Pontonbooten, die in der Mitte der Memel festgemacht waren. Der Fluss bildete die Grenze zwischen Preußen und dem russischen Imperium. Alexanders Verbündeter Friedrich Wilhelm III. musste am Ufer bleiben.

Abb. 12: Nachdem die russischen Einheiten das Hauptquartier von Napoleons Bruder Joseph Bonaparte auf dem Montmartre am 31. März 1814 heftig attackiert hatten, kapitulierten die französischen Verteidiger. Damit war Paris zum ersten Mal seit dem Hundertjährigen Krieg von ausländischen Truppen eingenommen worden.

Abb. 13: Louis-Léopold Boilly stellte die Arkadengänge des Palais Royal in dieser Zeichnung von 1804 als Lasterhöhle dar. Die Unerbittlichkeit seiner Beobachtung mildert er jedoch durch die geradezu klassizistische Darstellung der jungen Frauen ab, die unter den galanten Herren und Offizieren ihre Kunden suchen.

Abb. 14: Germaine de Staël war zunächst begeistert von dem dynamischen General Bonaparte, von dem sie hoffte, er werde die Ideale der Revolution verwirklichen. Napoleons Staatsstreich beraubte sie aller Illusionen und ließ sie zu seiner ärgsten intellektuellen Gegenspielerin werden.

Abb. 15: 1794 schaffte Frankreich die Sklaverei ab und führte sie 1802 wieder ein – auch auf Drängen von Napoleons erster Frau Joséphine, deren Eltern auf der Insel Martinique eine Zuckerrohrplantage besaßen. Nachdem antikoloniale Aktivisten die zu ihren Ehren errichtete Statue 1991 bereits geköpft hatten, wurden diese im Sommer 2020 gestürzt und zerstört.

Abb. 16: Über die erste Begegnung von Maria Walewska mit Napoleon war seinerzeit in der *Gazette de Varsovie* zu lesen: »Seine Majestät der Kaiser hat einen Ball im Haus des Außenministers besucht, des Fürsten von Benevent, bei dem er die Frau des Kammerherrn Anastazy Walewski zu einem Landtanz einlud.«

Abb. 17: Des Kaisers zweite Frau Marie-Louise wurde in Paris distanziert als »die neue Österreicherin« wahrgenommen. Im Tuilerienpalast bewohnte sie die gleichen Räume wie Marie-Antoinette; Napoleon merkte in seinen Memoiren an, sie habe sich immer etwas vor den Franzosen gefürchtet, die ihre Tante geköpft hatten.

Abb. 18: Napoleon wollte eine Dynastie begründen, ließ sich mit seinem Sohn jedoch in einer Weise abbilden, die zugleich ungewöhnlich bürgerlich und empathisch war – als liebevoller Vater, der Arbeit und Familienleben zu verbinden weiß. Tatsächlich hat er den kleinen »König von Rom« zwischen seinen Feldzügen jedoch immer nur für wenige Monate gesehen.

Abb. 19: Am ersten Tag der Schlacht bei der Brücke von Arcole ergriff Bonaparte eine Flagge und stellte sich mitten auf die Straße, die zur Brücke führte, um seine Männer zum Angriff zu motivieren. Während sein neben ihm stehender Gefährte Jean-Baptiste Muiron im feindlichen Kugelhagel starb, zog ihn ein Offizier aus der Schusslinie und stürzte mit ihm in den Sumpf neben der Brücke.

Abb. 20: Jacques-Louis Davids Gemälde von Napoleons Alpenüberquerung steht in der Tradition der antiken Herrscherportraits zu Pferde, der Künstler zitiert mit dem sich aufbäumenden Hengst aber vor allem den berühmten »Ehernen Reiter« vor der Isaakskathedrale in Petersburg. Wie beim Reiterstandbild Peter des Großen ist auch in diesem Bild alles auf die Dynamik hin ausgerichtet.

Abb. 21: Ein besonders dunkles Kapitel des Äpyptenkrieges war Napoleons Feldzug Richtung Syrien, mit dem er die osmanischen Truppen in Schach halten wollte, die der Sultan in Konstantinopel in Marsch gesetzt hatte. Besonders blutig verlief die Belagerung von Jaffa, die für die französischen Angreifer sehr verlustreich war, nicht zuletzt wegen des Ausbruchs der Beulenpest in ihrem Lager.

Abb. 22: Jean-Auguste-Dominique Ingres malte »Die Apotheose von Napoleon I.« 1853 als Deckengemälde für das Hôtel de Ville von Paris; der Kaiser ist darauf als römischer Imperator im Streitwagen mit goldenem Lorbeerkranz dargestellt. Das Bild ging in Flammen auf, als die Pariser Commune das Rathaus in Brand setzte, erhalten hat sich diese Vorstudie.

Abb. 23: James Gillray zeichnete den englischen König Georg III. als einen etwas begriffsstutzigen Herrscher, der den zeternden Winzling Napoleon staunend auf seiner Hand hält und sich weder seiner eigenen Macht bewusst ist, noch zu wissen scheint, wie er mit dem Emporkömmling umgehen soll.

Abb. 24: Einerseits trachtete Napoleon selbst danach, eine Dynastie zu gründen, und wollte seine Herrschaft in der Tradition der römischen Imperatoren und des fränkischen Kaisers Karls des Großen sehen. Andererseits schuf er neue Reiche gewissermaßen am Reißbrett – oder wie es James Gillray in diesem Blatt von 1806 sah: Er buk sie sich.

Abb. 25: Emmanuel de Las Cases hielt in einem achtbändigen Werk die Erinnerungen Napoleons fest, die ihm dieser auf St. Helena diktiert hatte – und dichtete noch einiges hinzu. Napoleons persönlicher Ordonnanzoffizier Gaspard Gourgaud, der den Kaiser ebenfalls ins Exil begleitet hatte, nannte Las Casas später »einen Schreiberling, der nur berühmt werden wollte«.

Abb. 26: Für den Wittelsbacher Ludwig I. war Napoleon ein »politischer Satan«, dabei verdankte er dem Franzosen seine Königswürde. Ludwigs Hofmaler Wilhelm von Kaulbach dagegen erwarb von Francesco Antommarchi, dem Leibarzt des Kaisers, einen Abguss der Totenmaske des Kaisers.

Abb. 27: Aus den Kanonen, die Napoleons Truppen in der Schlacht von Friedland erbeutet hatte, wollte er auf der Place de la Bastille einen 24 Meter hohen Brunnen in Form eines Bronzeelefanten errichten lassen. Bis 1814 entstand aber nur ein Gipsmodell in Originalgröße, das mit den Jahren immer mehr verfiel und 1846 abgerissen wurde.

Abb. 28: Nachdem Napoleons sterbliche Überreste 1840 nach Paris überführt worden waren, dauerte es noch mehr als zwanzig Jahre, bis die gewaltige Krypta unter der Kuppel des Invalidendoms ausgehoben und der monumentale Sarkophag darin aufgestellt werden konnte.

Abb. 29: Napoleon plante den Arc de Triomphe 1806 zur Verherrlichung seiner Siege gegen Preußen, doch kamen die Bauarbeiten nur sehr langsam voran. Anlässlich seiner Hochzeit mit Marie-Louise entstand auf den Fundamenten zunächst ein Bauwerk aus Holz und Gips, bevor König Louis-Philippe den unvollendeten Bogen von 1830 an nach den ursprünglichen Plänen vollenden ließ.

Abb. 30: Nach zwei misslungenen Putschversuchen gelangte Louis Napoleon 1848 durch seine Wahl zum Präsidenten der Zweiten Republik an die Macht. Auf dieser Lithographie ist zu sehen, wie er den Eid auf die französische Verfassung ablegt. Kurz vor Ablauf seiner Amtszeit führte er am 2. Dezember 1851 – dem Jahrestag der Kaiserkrönung Napoleons I. – jedoch einen dritten Staatsstreich durch. Marx kommentierte dies mit den Worten: »Hegel bemerkt irgendwo, daß alle großen weltgeschichtlichen Thatsachen und Personen sich so zu sagen zweimal ereignen. Er hat vergessen hinzuzufügen: das eine Mal als große Tragödie, das andre Mal als lumpige Farce.«

L'Aiglon

Napoleon hatte »einen Schoß heiraten« wollen, um einen Thronfolger zu zeugen, doch stärker noch als dessen Mutter Marie-Louise wurde der Junge zu einer Figur auf dem Spielfeld der Großmächte. Sein Titel Roi de Rome bekundete des Kaisers imperiale Ambitionen, aber ebenso wie diese Ambitionen scheiterten, scheiterten auch Napoleons Pläne, eine neue Dynastie zu gründen. Mit Napoléon François Joseph Charles starb sein einziger legitimer Sohn schon in jungen Jahren.

Dabei hatte es so vielversprechend begonnen. Die Geburt des Thronfolgers am 11. März 1811 war in Paris mit einhundertundeins Salven und dem Geläut aller Kirchenglocken begrüßt worden. Jubel brach aus, selbst Gegner Napoleons empfanden Freude. »Es ruht das Versprechen des Friedens in diesem Kind, dessen Mitgift man nur märchenhaft nennen kann: Mit Napoleon, dem Sohn der Revolution als Vater, mit Marie-Louise, der Großnichte der konterrevolutionären Ikone Marie-Antoinette, als Mutter, ist er die Frucht, die aus dem Alten und aus dem Neuen kommt, auserkoren, den blutigen Epochenwiderspruch aufzulösen.«

Zur Taufe am 9. Juni versammelten sich in Notre-Dame hohe Militärs, Angehörige des Hofs, der öffentlichen Gremien, Abgesandte von Städten des Kaiserreichs und von ausländischen Fürsten. Nach dem Bankett im Rathaus gab es für die Majestäten einen Hofball. Die Festivitäten für die Bürger fielen üppiger aus als bei der Hochzeit. Auf den Champs-Élysées waren Schenken und Musikpavillons aufgebaut, aus Fontänen sprudelte kostenloser Wein, die Pariser vergnügten sich bei Tänzen und Spielen. Auf der Place de la Concorde wurde ein spektakuläres Feuerwerk abgebrannt.

Der Kaiser war in »l'Aiglon«, den kleinen Adler, vernarrt. Doch sollte er ihn und Marie-Louise am 25. Januar 1814 zum letzten Mal sehen, da war der Thronfolger noch keine vier Jahre alt. Als alliierte Truppen zwei Monate später ihre Offensive auf Paris begannen, schrieb er dem Regierungsrat: »Lasst meinen Sohn nicht allein und denkt daran, dass ich ihn lieber in der Seine sähe als in den Händen der Feinde Frankreichs.« Ihm sei das Schicksal des gefangenen Astynax bei den Griechen als das Schlimmste erschienen, das die Geschichte kenne. Nach seiner Abdankung hoffte er vergeblich, der kleine König von Rom und Marie-Louise würden ihn auf der Insel Elba besuchen. Doch noch in der völligen Abgeschiedenheit auf Sankt Helena kreiste sein Denken um die beiden. »Ich habe mich stets meiner Gattin Marie-Louise erfreut«, so hieß es in seinem Testament, »und ich hege für sie bis zum letzten Atemzug die zärtlichsten Gefühle. Ich bitte sie, darüber zu wachen, dass mein Sohn sich niemals dafür hergibt, zum Instrument des Triumvirats zu werden, das Europas Völker unterdrückt. Möge er meine Devise übernehmen: Alles für das französische Volk. Außerdem möge er nie vergessen, dass er als französischer Prinz geboren wurde.«

Aus diesen Zeilen klang schon fast so etwas wie Resignation heraus; tatsächlich hatte bereits Napoleons Rückkehr von Elba aufs französische Festland das Los des »Aiglon« als politische Geisel der Habsburger besiegelt. Gut eine Woche später wurde er an seinem vierten Geburtstag vom Schloss Schönbrunn, wo er seit Napoleons Verbannung bei seiner Mutter gelebt hatte, in die Hofburg in der Wiener Innenstadt gebracht. 1818 verlieh ihm Kaiser Franz den Titel Herzog von Reichstadt, als wäre er ein österreichischer Prinz. Alles, was ihn an seine bisherige Existenz als potentieller Erbe eines großen Reiches erinnerte, sollte ausgemerzt werden, sogar die französische Sprache sollte er vergessen. Sein erster Vorname durfte nicht mehr benutzt werden, die französische Gouvernante musste ihn verlassen. Der neue Erzieher teilte Marie-Louise im September 1815 mit: »Mir scheint, dass der Fürst, den man mir ehrenvollerweise anvertraut, als Österreicher angesehen werden sollte, erzogen nach deutscher Art.« Die Sprache fand er von allein wieder, als ihm eine Ausgabe der Briefe von Madame de Sévigné in die Hände fiel, einer Klassikerin der französischen Literatursprache.

Im Jahr 1900 hatte ein Theaterstück des Autors Edmond Rostand diesen Stoff popularisiert; sein Stück *L'Aiglon* wurde in jenem Jahr uraufgeführt mit der großen Sarah Bernhardt in der Rolle des Kaisersohns.

Nachdem der »Aiglon« 1832, der inzwischen eine Offizierslaufbahn eingeschlagen hatte, mit gerade einmal einundzwanzig Jahren an einer Lungenentzündung gestorben war, wurde er in der Kapuzinergruft beigesetzt. Lange nach seinem Tod wurde er erneut zum Spielball der Politik. Auf Vorschlag von Otto Abetz, dem deutschen Botschafter im besetzten Frankreich, ließ Hitler den Sarkophag mit den Gebeinen des »Aiglon« in einer großen

Propagandaaktion am 15. Dezember 1940 aus der Kapuzinergruft in Wien in den Invalidendom nach Paris überführen. Immerhin ging somit aber der letzte Wunsch von Napoleons Sohn in Erfüllung, an der Seite seines Vaters ruhen zu können.

Legende

Bei einem Mann wie Napoleon, dessen Bild so stark davon geprägt ist, wie er gesehen werden wollte, verschmilzt die reale Figur immer wieder mit der Legende, sei sie von ihm selbst oder von seinen Anhängern und Feinden geschaffen. Einige Beschreibungen gibt es immerhin, die Napoleon außerhalb des Rampenlichts zeigen, etwa die Erinnerungen seines Kammerdieners Constant, der über sich meinte, niemand könne ein so treues Porträt des »größten Mannes seiner Zeit« bieten wie er. Seine detaillierten Schilderungen der Alltagsrituale Napoleons und die Charakteristik von dessen äußerer Gestalt oder Essgewohnheiten dürften authentisch sein, lassen allerdings nur bedingt auf einen Herrscher schließen, »der für die Macht geboren ist«.

Constant zufolge hatte Napoleon eine hohe Stirn, kastanienbraue Haare und blaue Augen, die seine Gemütslage widerspiegelten. Sein hagerer Körper sei mit den Jahren fülliger geworden, seine Gestalt habe dadurch stattlicher gewirkt. Weiter heißt es: Napoleon legte großen Wert auf Körperpflege. Seine Zähne reinigte er gründlich, wie er es bei seiner Mutter gelernt hatte, das war in jener Zeit keineswegs selbstverständlich. Auf Reisen und auf Feldzügen wurde eine Zinkwanne mitgeführt, die man mit einem Laken auslegte, ehe man heißes Wasser einfüllte. Das lange Bad linderte die Krätze, die Napoleon sich als junger Hauptmann zugezogen hatte, und wurde auch beim Vorlesen genutzt. Napoleon ließ sich das Rasieren beibringen, kürzte seine Nägel selbst, legte aber niemals Hand beim Anziehen an. Während des Levers trank er Tee, blätterte in den Zeitungen, oft diktierte er seinem Sekretär Depeschen. Bei Tisch war Napoleon dagegen wenig manierlich und alles andere als ein Genießer. Der Rock und die Weste aus weißen Piqué waren oft befleckt, denn er aß hastig, teils mit den Fingern, knabberte rasch an einem kalten Hühnerschenkel und trank dazu Chambertin, einen weißen Burgunder, den er mit eiskaltem Wasser versetzte, zudem ging er nachlässig mit Schnupftabak, Feder und Tinte um.

Den Kameraden an der Militärschule in Brienne war der neue Mitschüler aus dem fernen Korsika seinerzeit etwas verwildert erschienen mit dem ungepflegten dürren Haar, die Haut gelblich wie Olivenöl, aber das war noch weit vor der Zeit gewesen, in der sich die Napoleonlegende entwickelte. Am meisten haben sie damals in jenem kleinen Ort in der kargen Champagne über seinen Namen gelacht; er sprach ihn so seltsam aus mit starker Betonung der letzten Silbe, Nabulioné, sie verstanden ihn als La Paille au nez: Stroh in der Nase. Das wurde, so berichtete er später selbst in seinen Erinnerungen, sein erster Spitzname. Diese Episode zeigt, wie ungewöhnlich der Vorname Napoleon damals in Frankreich war. Der Chansonnier Serge Lama hat aus dem Leben Napoleons ein Musical gestaltet, ein Lied daraus gilt dem Spott der Mitschüler in Brienne über den kleinen Fremden aus Korsika: »Nabulioné, Nabulioné, Nabulioné, la paille au nez.« Im Heiligenkalender gab es den Namen Napoleon nicht, erst später, als der kleine Korse Kaiser von Frankreich geworden war, erfand man einen entsprechenden Heiligen, dessen Bild alsbald in

Holzschnitten unters Volk gebracht wurde, Namenstag war nun der 15. August, zufällig das Geburtsdatum von Napoleone Buonaparte.

Beide Bestandteile des Namens Napoleon Bonaparte sollten große Bedeutung erlangen. Der Vorname entsprang einer großartigen Eingebung seiner Mutter Letizia, die sich auf seinen im korsischen Unabhängigkeitskampf gefallenen Onkel besann. Der Vorname Napoleon stand später für das Kaisertum, der Nachname überlebte im Begriff Bonapartismus, der bis in die Gegenwart weiterwirkt und der Generalsherrschaft bedeutet, Militärdiktatur. Napoleon selbst zeichnete lange mit der Namensform Buonaparte; erst als er seine korsischen Ambitionen aufgegeben hatte und sich ganz auf die französische Seite einließ, veränderte er seinen Namen zu Bonaparte.

Mit seinem Aufstieg begann er auch, an seiner eigenen Legende zu arbeiten; zeitlebens hatte er keine andere Legitimation als seine militärischen Erfolge und sein Bild in der Öffentlichkeit. Das gottgegebene Königtum war durch die Revolution abgeschafft worden, und die Revolution hatte keine neue Form der Legitimation herausgebildet, auch nach dem Sturz von Robespierre nicht. Von Anfang an bediente er sich der politischen Propaganda, die seine Person teils ins Mythische überhöhte und seine militärischen Erfolge, seine Wohltaten für Frankreich, seine Eroberungen in Europa herausstellte. Als Meister der Selbstinszenierung nutzte er, der ja ständig unterwegs war, alle zur Verfügung stehenden Medien, damit er in Paris präsent blieb: die offizielle Presse, Bulletins mit den Tagesbefehlen, die auch in Kirchen von der Kanzel herab verlesen und in großen Buchstaben auf Mauern gemalt wurden,

Gemälde großer Maler, in Umlauf gebrachte Reproduktionen von Stichen für alle Bildungsgrade bis zum Holzschnitt; ebenso trugen zur Mythenbildung populäre Lieder und Gedichte bei, nicht zu vergessen die Prachtbauten und Denkmäler wie die Säule auf der Place Vendôme oder der Triumphbogen auf der früheren Place de l'Etoile (heute Place Charles de Gaulle) sowie Straßennamen, die bis heute an seine Schlachten erinnern wie die Avenue de Wagram, Avenue d'Iéna, Rue d'Ulm.

Um seine politischen Ansichten rasch bekannter zu machen, gründete er schon während des Italienfeldzugs, seinem ersten großen Kommando, eigene Zeitungen: *Le Courrier de l'armée d'Italie* (Der Kurier der Italienarmee), *La France vue par l'armée d'Italie* (Frankreich aus der Sicht der Italienarmee) und *Journal de Bonaparte et des hommes vertueux* (Die Zeitung Bonapartes und der tugendhaften Männer). In Paris und in ganz Frankreich sollte man erfahren, wie genial, wie erfolgreich und dabei republikanisch bescheiden der junge General war. »Napoleon fliegt wie der Blitz und schlägt zu wie der Donner.« Dieser vermutlich von ihm selbst formulierte Satz wurde zitiert in *La France vue par l'armée d'Italie*. Er hatte reiche Beute an Kunstschätzen gemacht und zum Wohlstand der Mitglieder des Direktoriums beigetragen, ließ jedoch in dem Blatt verbreiten: »Ich habe Könige zu meinen Füßen liegen sehen, ich hätte fünfzig Millionen mit nach Hause bringen können, ich hätte noch ganz anderes verlangen können. Aber ich bin ein französischer Bürger …«

Kleidung betrachtete Napoleon als wichtiges Instrument zur Imagebildung. Zu seinem Markenzeichen und später zum festen Bestandteil der legendenhaften Erscheinung des Kaisers gehörte sein Hut, ein Zweispitz aus schwarzem Filz, den er quer zu tragen pflegte, hergestellt von einem Hutmacher im Palais Royal. Der Kammerdiener musste die Kopfbedeckung zusätzlich wattieren, um das empfindliche Haupt seines Dienstherrn zu schützen. Im Alltag bevorzugte er eine schlichte Jäger- oder Grenadier-Uniform. Erst als er den Gipfel seines Ruhms erreicht hatte, trug er bei Zeremonien wie auf mehreren Porträts pompöse Gewänder und Insignien, die ihn auf eine Stufe mit Karl dem Großen und anderen Herrschern stellten.

Typisch für Napoleon war auch die Hand in der aufgeknöpften Weste, eine Haltung, die man bei ihm nur auf gemalten Porträts sah, nie in der Realität. Die Geste mag den französischen Offizieren während ihrer Ausbildung nahegelegt worden sein, um die Hände unter Kontrolle zu halten; das erste Porträt mit diesem Motiv schuf der Maler Dominique Ingres, der Bonaparte als Ersten Konsul in rotem Samtanzug portraitierte. Ingres mag eine Statue aus der griechischen Antike gekannt und in Neapel gesehen haben, die Aischines darstellt, einen großen Athener Redner des vierten Jahrhunderts vor unserer Zeitrechnung, der seine rechte Hand in eine Falte seiner Toga gewickelt hält, als Zeichen von Beherrschtheit und Mäßigung. Das ist das eigentliche Urbild für Napoleons bekannte Geste. Im Laufe des achtzehnten und neunzehnten Jahrhunderts wurde die Hand in der Weste zu einem bildlichen Topos auf französischen und englischen Porträtgemälden.

Napoleons Propaganda-Aktionen waren vorzüglich organisiert, Texte und Bilder inszenierten politische Botschaften, die reale Ereignisse überlagerten.

Mit dem Italienfeldzug begann auch seine heroisierende Darstellung durch bedeutende Maler. Antoine-Jean Gros, ein Schüler Jacques-Louis Davids, inszeniert Bonaparte auf der Brücke von Arcole als Alleinkämpfer. Der junge Armeechef ergreift mit der linken Hand die Fahne und umklammert mit der rechten Hand sein Schwert. So bahnte er seinen Truppen den Weg, soll man denken; doch hatte sich die Szene etwas anders abgespielt. Erst im dritten Anlauf konnte durch das Hinzukommen von Reserven unter Führung von General André Masséna die Brücke eingenommen und überquert werden. Napoleon selbst war beim ersten Mal ins Sumpfgebiet unter der Brücke gestürzt und konnte nur mit Mühe gerettet werden. Vielleicht war ihm die Erinnerung daran ja unangenehm, denn als Gros zu Napoleon nach Malmaison kam, wollte er diesem nicht Modell stehen; Joséphine musste den Kaiser auf ihren Knien festhalten, damit der Maler wenigstens eine Skizze seines Kopfes fertigen konnte.

Jacques-Louis Davids Kolossalgemälde »Bonaparte beim Überschreiten der Alpen am Großen Sankt Bernhard« avancierte zum bekanntesten Bild Napoleons.

Es zeigt den damaligen Ersten Konsul als überindividuellen Helden, der auf einem feurigen Pferd den Naturgewalten trotzt auf den Spuren von Hannibal und Karl dem Großen. Deren Namen sind unter dem von Bonaparte in Stein geritzt. In Wirklichkeit hatte er den Alpenpass nicht an der Spitze der Armee, sondern in der Nachhut auf einem zahmen Maultier überquert, wie es üblich und auch ratsam war. Die zwischen 1800 und 1803 entstandenen fünf Versionen des Gemäldes von der Alpenüberquerung unterscheiden sich hinsichtlich Größe und Farbgebung; in vier Fassungen reitet er auf einem Schimmel, in der heute im Berliner Schloss Charlottenburg gezeigten Version auf einem kastanienbraunen Pferd.

Obwohl es um Napoleons Reitkünste vermutlich nicht zum Besten stand (die Meinungen darüber gingen jedenfalls auseinander), waren Pferde ein zentraler Bestandteil seiner Propaganda, und das nicht nur in der Kunst. Im Laufe der Zeit, so schätzt man, nutzte er rund eintausendfünfhundert Pferde, manche davon errangen eine besondere Bedeutung. Das bekannteste hieß Le Vizir, ein grauweißer Araberhengst, den der Kaiser 1805 als Geschenk des türkischen Sultans erhalten hatte. Er hatte eine Risthöhe von 1,35 Meter, Napoleon ritt damit bis Moskau und wieder zurück, nahm es auch mit ins Exil nach Sankt Helena. Dort starb das Pferd im Jahr 1826. Seine Überreste wurden nach England gebracht, wo man es ausstopfte. 1904 gelangte Le Vezir ins Armeemuseum beim Invalidendom in Paris, wo es seit Juni 2016 restauriert in einer neuen Vitrine zu sehen ist.

Gemäß dem Grundprinzip der napoleonischen Propaganda, die historische Wahrheit durch eine politisch erwünschte Vorstellung zu ersetzen, finden sich in den Kunstwerken, die Napoleons Heldentaten feiern, immer wieder Rückbezüge auf die Antike und auf religiöse Überlieferungen. Nach dem ersten Feldzug in Ägypten, der ein teures Desaster war, wurde Napoleon als wundertätiger Christus und als ferner Nachfolger von Alexander dem Großen dargestellt. Antoine-Jean Gros zeigte den Feldherrn als Helfer und Tröster bei den Pestkranken in Jaffa, der mit seiner bloßen rechten Hand die Wundmale eines

Mannes berührt und Brot verteilen lässt. Diese Gebärden erinnerten auch an die heilenden Kräfte, die einst französischen Königen zugeschrieben wurden.

Tatsächlich verübten die Franzosen in Jaffa ein wüstes Massaker an Gefangenen, unter denen Zivilisten und verschleppte Frauen waren. Am Tag nach der Exekution suchte Napoleon kranke und verwundete Soldaten auf, die in einem armenischen Kloster untergebracht waren.

Mitglieder seines Gefolges berichteten, dass der Oberbefehlshaber sich Warnungen vor Ansteckung widersetzte und länger im Lazarett verweilte. Chefarzt René-Nicolas Desgenettes schrieb, Napoleon habe sogar geholfen, den »grässlichen Leichnam eines Soldaten aufzuheben, dessen zerfetzte Kleidung vom Eiter eines aufgeplatzten Pestgeschwürs besudelt war«. Die von Gros in seinem rund fünf mal sieben Meter großen Bild dargestellte Geste deutete Goethe im Gespräch mit Eckermann als Exempel für die »Kraft des moralischen Willens«. Napoleon habe demonstriert, dass die Gefahr kleiner werde, »wenn man imstande ist, die Angst zu besiegen«.

Als ein Höhepunkt der Glorifizierung gilt das Gemälde »Napoleon auf dem Schlachtfeld bei Eylau am 9. Februar 1807« von Gros. Nach dem Gemetzel hatte der Feldherr düster bilanziert: »Ich habe niemals so viele Tote auf einem so kleinen Terrain gesehen. Ganze Divisionen, russische und französische, waren in Stücke gehauen auf der Stelle, wo sie gekämpft hatten.« Auf Weisung Napoleons lobte Vivant Denon wenige Wochen später einen Wettbewerb aus, zu dem sechsundzwanzig Historienmaler Entwürfe einreichten. In der Direktive hieß es: »Seine Majestät besichtigt das Schlachtfeld, um den Verletzten Trost zu spenden. Beim Anblick des Kaisers erhebt sich ein litauischer Husar, dem eine Kugel das Knie zerschmettert hat, und sagt: ‚Cäsar, Du willst, dass ich lebe! Eh bien, wenn ich wieder auf die Beine komme, werde ich Dir so treu dienen, wie ich [Zar] Alexander gedient habe.'« Gros, der den ersten Preis erhielt, setzte Menschlichkeit und Friedensliebe Napoleons wirkungsvoll in Szene. Inmitten von Grauen und Tod nach der Schlacht scheint der Feldherr den Opfern der Kämpfe unterschiedslos Hilfe und Trost zu bringen und Feinden mit Gnade, Weisheit, Toleranz zu begegnen.

Der Titel von Jacques-Louis Davids Gemälde *Sacre de l'Empereur Napoléon Ier et couronnement de l'Impératrice Joséphine dans la cathédrale Notre-Dame de Paris, le 2 décembre 1804* (Krönung von Kaiser Napoleon I. und Krönung von Kaiserin Joséphine in der Kathedrale Notre-Dame de Paris, 2. Dezember 1804) war fast so monumental wie das rund zehn mal sechs Meter große Kunstwerk selbst; David hatte dafür mehrere Neuansätze benötigt und konnte es erst 1808 fertigstellen. Im Zentrum des Gemäldes hält Napoleon die Krone über der knienden Josephine, beobachtet von zahlreichen Würdenträgern, die sich teilweise im Halbdunkel der riesigen Kirche verlieren. Ursprünglich hatte David den Moment der Selbstkrönung des Kaisers malen wollen, wie 2004 eine Ausstellung in jenem Saal des Louvre dokumentierte, in dem das Werk heute zu bewundern ist. Die Krönung selbst wurde vom Maler schon im Hinblick auf das spätere Monumentalgemälde inszeniert; die Festmusik komponierte François Le Sueur. Um Authentizität bemüht, hatte der Künstler sich Kostüme und Schmuck von Teilnehmern der Zeremonie geliehen, manche hatten ihm auch Modell gesessen. Einige der einhunderteinundneunzig dargestellten Personen waren jedoch nicht anwesend, etwa Napoleons Mutter Letizia, offiziell fortan »Madame Mère de l'Empereur« genannt. Andere, die ihr beigewohnt hatten, fehlten hingegen auf dem Bild, so Polizeiminister Fouché.

Napoleons Bild wurde nicht allein von berühmten Malern geprägt; als ein Mann der Moderne, der schon seinen Ägyptenfeldzug zuweilen als eine Art bewaffnete Wissenschaftsexpedition darstellte, umgab er sich mit Wissenschaftlern, deren Karriere er förderte und die im Gegenzug seinen Ruhm mehrten, darunter Vivant Denon, der später »Napoleons Auge« genannt wurde. Sein Jurastudium in Paris hatte er nicht beendet, zu sehr interessierte er sich für Künste und Künstler. Der 1747 Geborene war bereits von König Ludwig XV. zum Verwalter des Gemmenkabinetts von Madame de Pompadour ernannt worden. Gemmen und Medaillen interessierten ihn besonders, er hat selbst solche Stücke entworfen und gesammelt. Vorübergehend war er im diplomatischen Dienst, wurde aber mit einer Pension entlassen, nachdem er fünfhundert antike Vasen aus Italien mitgebracht hatte, um sie für sich selbst zu behalten. Diese Strafe war eine Wohltat: Mit achtunddreißig Jahren hatte er finanziell ausgesorgt (nach Denons Tod im Jahr 1825 wurde seine große Privatsammlung versteigert).

Längere Zeit lebte er in Venedig, wo er sich in Isabella Teotochi Albrizzi verliebte und sich glücklos als Theaterautor versuchte. Sehr erfolgreich war hingegen eine erotische Erzählung, die vielleicht auf eigenem Erleben beruhte:

Point de lendemain (auf Deutsch meist betitelt: *Nur diese eine Nacht*). Ein gutaussehender junger Mann wird zu Hause von einer Kutsche abgeholt und zu einer feinen Dame gebracht. Nach einer heißen Liebesnacht wird er zurückgebracht, ohne ihren Namen erfahren zu haben. Ein Wiedersehen gibt es nicht.

Die zumindest materiell sorgenfreie Zeit in Italien endete, nachdem daheim in Frankreich die Revolution ausgebrochen war. 1790 verhörte man ihn erstmals wegen des Verdachts des Jakobinismus, drei Jahre später wies man ihn, da er als Freund von Robespierre galt, als politisch verdächtig aus Venedig aus. Verdächtig war er aber auch den neuen Herren in Paris. Eigentlich war er von niederem Adel und hieß »de Non«; doch da ihn die Revolutionäre als adligen Emigranten führten, weil er sich zu lange in Italien aufgehalten hatte, und seine Besitztümer einzuziehen drohten, verzichtete er auf seinen Adelstitel und änderte seinen Namen in Denon.

Zurück in Frankreich konnte er aufgrund seiner Freundschaft zu Louis David an neue Aufträge gelangen und wurde von Joséphine de Beauharnais schließlich mit Napoleon bekannt gemacht, der ihn in seine Dienste nahm. Als begabter Zeichner bewährte er sich auf dessen Ägyptenfeldzug; er zeichnete antike Monumente und verfasste nach seiner Rückkehr einen Reisebericht, den er mit eigenen Gravuren versah. Das 1802 erschienene Buch wurde so begeistert aufgenommen, dass man es ins Englische und ins Deutsche übersetzte. Darüber hinaus fertigte Denon auch Skizzen von Schlachten, die derart anschaulich waren, dass sie als Vorlagen für spätere Historiengemälde dienen konnten. Napoleon war so zufrieden mit ihm, dass er ihn zum Verwalter seiner Kunstsammlungen ernannte, meist in Italien und Deutschland geraubte Objekte, die er im Louvre ausstellen ließ. So wurde Denon zum Gründungsdirektor des Louvre, das zunächst »Musée Napoléon« hieß. Noch heute heißt dort ein Ausstellungsbereich nach Denon. Dass es im Museum freien Eintritt für alle Bürger gab, war eine Errungenschaft der Revolution. Aus Italien herbeigeschaffte Beutekunst ließ Denon in einer Parade durch Paris führen. Seine Devise lautete »Aux Arts la Victoire« (Den Künsten gebührt der Sieg); dem Sieger gehören die Kunstwerke, wäre korrekter gewesen. Sein deutscher Biograf nennt ihn mit Recht einen »glücklichen Kunsträuber«. Denon war ein großer Kenner der italienischen Kunst seit Giotto, kannte aber auch alle Schulen der deutschen Malerei, womit er in Frankreich eine Ausnahme war.

Als französische Truppen 1808 das Herzogtum Weimar besetzten, ließ sich Denon im Haus von Goethe einquartieren, der ihn auf seiner italienischen Reise in Venedig besucht hatte. Für Goethe bedeutete das einen gewissen Schutz vor Übergriffen französischer Soldaten. In diesen turbulenten Tagen konnte Goethe seinen Bettschatz Christiane Vulpius heiraten, ohne dass dies in Weimar großes Aufsehen verursachte.

Ein wichtiges Medium für die Verbreitung von Napoleons Legende im Volk waren die Holzschnitte der Firma Pellerin im lothringischen Épinal. Sie waren ästhetisch schlicht, aber sehr populär. Die Firma Pellerin stellt die letzte Etappe der »imagerie populaire« dar, der beliebten Bilder, die im vierzehnten Jahrhundert begonnen hatte. Und die Napoleonlegende war ihr letztes großes Thema in einer Zeit des

Übergangs von handwerklichen Verfahren zu moderneren Formen, Stilen und Techniken des Druckes. Später wurde der Ausdruck »images d'Épinal« zum Synonym für vereinfachende, klischeehafte Darstellungen überhaupt und ist es noch heute.

Die große Zeit der Bilderbögen aus Épinal lag zwischen 1770 und 1850 und war zugleich die letzte Phase der Bilderbögen im Holzschnittdruck. Ein ähnlicher Prozess der Konzentrierung und Verdrängung anderer Verfahren geschah in Deutschland mit den Bilderbögen von Neuruppin, die eine ähnliche Monopolstellung erlangten. Die Stadt Épinal, an der Mosel gelegen, war das älteste Bilderzentrum in Lothringen. Im fünfzehnten Jahrhundert wurde die Stadt für ihre Papiermühlen berühmt und ihre bedruckten Stoffe. Im sechzehnten und siebzehnten Jahrhundert wurden die »toiles d'Épinal« sprichwörtlich. Buchdruck wurde dort seit 1616 betrieben. Heute beherbergt die Stadt ein internationales Museum der volkstümlichen Druckbilder. Nach 1815 wurde die »Auberge du Coq hardi« (Herberge zum kühnen Hahn) als Treffpunkt von Bonapartisten bekannt. Der Ort in den Vogesen galt allein auf Grund seiner Bildproduktion als Hochburg dieser politischen Richtung.

Der Bonapartismus der Firma Pellerin ist wohl in dem Druckpatent von 1810 begründet: Als damals die Anzahl der lizensierten Drucker begrenzt wurde, erhielt die Firma nach einer Bittschrift an den Kaiser ein neues Patent. Fortan wurden neben den Kinderbüchern der Bibliothèque bleue (Die Blaue Bibliothek) sowie Erbauungsbüchern und den üblichen Heiligenbilder auch solche mit dem erfundenen »Saint Napoléon« gedruckt, überdies Abbildungen aus dem Leben der Kaiserfamilie und Szenen aus dem militärischen Leben im Empire. Freilich mussten seit 1810 alle Vorlagen der gedruckten Bilderbögen bei der Präfektur deponiert werden, eine Regelung, die auch die nachfolgenden Regime beibehalten haben.

Einen großen Aufschwung erlebte die Firma Pellerin zwischen 1820 und 1848. Es wurden viele Arbeiter eingestellt. Das Kolorieren war meist Kinderarbeit. Unter der Restauration nahm die Produktion religiöser Bilder stark zu, die ohnehin den Hauptteil der Druckerzeugnisse ausgemacht hatte. 1837 machten Napoleonbilder nur noch fünf Prozent der Produktion aus; der erste Putschversuch von Louis Bonaparte war gerade gescheitert. Im Zweiten Kaiserreich war auch die Firma Pellerin der Zensur unterworfen, obwohl sie ja eigentlich zur Vorgeschichte des neuen Empire gehörte.

Drei entscheidende Schlachten hat Napoleon gegen England verloren, zu Lande in Waterloo, zur See in Trafalgar und publizistisch gegen die Flut der Karikaturen, die von London aus systematisch über den ganzen Kontinent verbreitet wurden. In England herrschte damals weitgehend Presse- und Meinungsfreiheit, es war wohl das einzige Land in Europa, in dem Karikaturisten antinapoleonische Pamphlete unter ihrem Namen veröffentlichen konnten – eifrig unterstützt von Londoner Politikern, die mitunter Informationen an Zeichner lancierten, die wiederum schnell reagierten. Oft lagen ihre Schmähbilder schon ein oder zwei Tage nach dem dargestellten Ereignis vor. Sie fanden auf der Insel wie auf dem Kontinent großen Zuspruch, wo sie in den besetzten Ländern umso eifriger heimlich verbreitet wurden, je stärker die Opposition sich gegen die Eroberungen der Franzosen wandte.

Besonders böse wurde der »Weltenfresser« von James Gillray attackiert, dem bedeutendsten politischen Karikaturisten, den Europa in der zweiten Hälfte des achtzehnten Jahrhunderts hervorgebracht hat. Napoleon hielt Gillray zu Recht für einen seiner ärgsten Feinde; dieser hatte 1803, als die Gefahr einer französischen Invasion in England bestand, die Figur eines cholerischen Winzlings entwickelt, mit der er auf die hagere Gestalt des jungen Revolutionsgenerals und dessen maßlose Forderungen anspielte und die er in Anlehnung an den Nachnamen Bonaparte »Little Boney« nannte. Im Blatt *Der König von Brobdingnag und Gulliver* von 1803 zitierte Gillray aus Jonathan Swifts Roman »Gullivers Reisen«: Im Land der Riesen unterhält sich dieser mit dem König über Europa, der schließlich meint, »dass die Masse eurer Eingeborenen das verderblichste Geschlecht von kleinem Gewürm bildet, dem die Natur jemals erlaubt hat, auf der Oberfläche der Erde herumzukriechen«. Das Zitat wird Georg III. in den Mund gelegt, der den zeternden Winzling Napoleon auf der Hand hält und staunend durch ein Opernglas betrachtet.

Die Spottfigur des »Little Boney« trug wesentlich dazu bei, die Vorstellung zu verbreiten, Napoleon sei klein von Wuchs gewesen, dabei lag seine reale Körpergröße kaum unter der durchschnittlichen Größe von französischen Männern in seiner Zeit. Nach den Angaben seines Kammerdieners maß Napoleon »fünf Fuß, zwei Zoll, drei Linien«, umgerechnet also etwa 1,68 Meter, was der Durchschnittsgröße französischer Männer im neunzehnten

Jahrhundert entsprach. Insofern ist auch der psychologische Begriff »Napoleonkomplex« völlig unangemessen, den der Wiener Individualpsychologe Alfred Adler um 1930 aufbrachte und mit dem er den Willen zur Überkompensation körperlicher Schwächen bezeichnete. Die verbreitete Annahme, Napoleon sei klein gewesen, könnte allerdings auch auf seinen etwas kurzen Hals und die breite Brust zurückzuführen sein. Überdies liebte es Napoleon, sich mit besonders großen Männern zu umgeben, zum Beispiel in seiner Alten Garde, auch das ließ ihn klein erscheinen.

Wirkmächtiger als Gillrays Spott über Napoleons Körpergröße waren jedoch die treffenden Bilder, in denen der Brite die rabiate Machtpolitik des Kaisers aufspießte. In der 1806 erschienenen Karikatur *Tiddy-Doll*, der große französische Pfefferkuchenbäcker, zieht Napoleon gerade ein neues Blech Könige heraus. Das Blatt umschreibt die historische Situation nach der Schlacht von Austerlitz und dem Frieden von Pressburg auf bissige Weise. Die drei gerade fertig gewordenen Figuren in der Ofenöffnung tragen die Namen der neu geschaffenen Königreiche Bavaria (Bayern), Wirtemb. (Württemberg) und des Großherzogtums Baden. Das »Aschenloch für zerbrochene Lebkuchen« quillt über von Skeletten und Insignien gestürzter Könige. Sie alle wurden mit dem korsischen Besen zusammengekehrt. Auf der Kommode rechts wartet ein neuer Schub gekrönter Häupter, im Korb links sind »Königlinge«, korsische Verwandte, versammelt, die auf einträgliche Pfründe hoffen. Außenminister Talleyrand bearbeitet im Hintergrund Teigbrocken mit den Aufschriften »Türkei«, »Polen« und »Ungarn«. Ein Adler, der die Aufschrift »Preußen« trägt, versucht einen Teigklumpen mit der Aufschrift »Hannover« zu verschlingen.

Napoleon war sich bewusst, wie politische Satire die Vox populi aufstacheln kann. Es gelang ihm jedoch weder, sie in den Dienst seiner Propaganda zu stellen, noch konnte er verhindern, dass sie sich gegen ihn wandte. Mit allen ihm zur Verfügung stehenden Mitteln versuchte er, englische Karikaturisten zu unterdrücken. Schon in das nach dem Zweiten Koalitionskrieg abgeschlossene Abkommen mit Großbritannien, den Frieden von Amiens von 1802, sollte die Klausel aufgenommen werden, »dass die Pasquillanten, die sich unterfangen, seine Person zu besprechen oder seine Politik zu tadeln, den Mördern und Fälschern gleichgestellt und wie diese den Auslieferungsgesetzen unterworfen werden sollten«. Doch konnte sich Napoleon weder damals durchsetzen noch die Verbreitung der Spottblätter später verhindern. 1812/13 erlebte die politische Karikatur im Kampf gegen Napoleon einen neuen, letzten Aufschwung. Als nach der Schlacht bei Leipzig die napoleonische Zensur in Deutschland aufgehoben wurde, erschienen in Deutschland innerhalb weniger Monate mehr als hundert Blätter.

Der Sieg über die Erinnerung

1839 beschrieb Chateaubriand, der Napoleon bekämpft und genau beobachtet hatte, das Paradox, dass er die Welt, die er lebend nicht erwerben konnte, nunmehr als Toter besitze: »Bonaparte ist nicht mehr der wahre Bonaparte, er ist eine legendäre Gestalt, zusammengesetzt aus den Phantasien der Dichter, den Erinnerungen der Soldaten und den Erzählungen des Volkes. Wie wir ihn heute sehen, ist er der Karl der Große und der Alexander der mittelalterlichen Epen. Dieser phantastische Held wird die reale Person bleiben, die anderen Porträts werden verblassen. Bonaparte war so sehr ein Mann der absoluten Herrschaft, dass wir, nachdem wir dem Despotismus seiner Person erlegen sind, nun dem Despotismus seiner Erinnerungen erliegen müssen.«

An diesem Gesamtkunstwerk der kollektiven Imagination hatten heute weitgehend vergessene Lyriker wie Pierre-Jean de Béranger mitgewirkt, der populäre Lieder über den gestürzten Kaiser verfasste, aber auch bedeutende Autoren wie Stendhal, Victor Hugo und Honoré de Balzac. Letzterer bezeichnete Napoleon als den Mann, der alles wollte, weil er alles vermochte – scheiterte selbst aber mit dem Plan, eine von dessen Schlachten in einem Roman darzustellen. In seinem Romanzyklus *La Comédie humaine* (Die menschliche Komödie) finden sich zwar zu Genüge typische Vertreter der Armee ebenso wie solche der Politik, der Verwaltung und der Zivilgesellschaft des

Empire; die Beschreibung einer Schlacht lag dem sehr zivil gesonnenen Autor jedoch fern. Nachgeholt wurde dieses Vorhaben erst im Jahr 1967 durch Patrick Rambaud. Für seinen Roman *La Bataille* (Die Schlacht), der sich ausdrücklich auf Balzac bezog, erhielt er den Prix Goncourt, die wichtigste Auszeichnung für neue Romane in Frankreich, geringfügig dotiert, aber hohe Auflagen garantierend.

Balzac scheiterte darin, sich in Napoleons Domäne hinzudenken, das Militärische. Er erkannte aber, dass der Verbannte auf seinem Feld erfolgreich war, der Literatur. Was Napoleon als Feldherr nicht erreicht hatte, so Balzac, habe er mit der Feder vollenden wollen, um Herr seines Bildes in der Geschichte zu bleiben. Dem galten seine Diktate im Exil auf Sankt Helena. Zu dem kleinen Hofstaat, der ihn auf die abgelegene Insel begleitete, gehörte Emanuel de Las Cases, ein hoher Marineoffizier, den Napoleon 1809 in den Staatsrat berufen hatte. Beginnend mit der Überfahrt begann er allabendlich aufzuzeichnen, wie der einstige Kaiser in ihren Gesprächen sein Leben erinnerte.

Napoleon hatte sich schon immer mit den bedeutenden Feldherren der Vergangenheit beschäftigt, von Alexander dem Großen und Julius Cäsar bis zu Marschall Henri de Turenne und Friedrich dem Großen (einziger Kunstgegenstand in seinem Arbeitszimmer war eine Reiterstatuette des preußischen Königs gewesen); er verglich sich mit ihnen, indem er sich fragte, wie sie in vergleichbarer Situation gehandelt hätten. Auch politisch zog er gern historische Parallelen; so verglich er sein Konkordat mit dem Vatikan mit dem Edikt von Nantes, dem Religionsfrieden, den der populäre König Henri IV. nach den Religionskriegen des sechzehnten Jahrhunderts geschlossen hatte. Angesichts seines literarischen Ehrgeizes sah Napoleon schließlich insbesondere in Cäsar ein Vorbild, der seine Kriegserinnerungen über die Feldzüge in Gallien in einem klassisch gewordenen Text höchstpersönlich zusammengefasst hatte.

Auf Sankt Helena gab es nun keine Handlungsalternativen mehr, zwischen denen sich Napoleon entscheiden musste. Dennoch kreisten seine Gedanken weiterhin ständig um die Erfolge großer Feldherren, in deren Schicksal er stets auch Hinweise auf sein eigenes zu suchen schien; was blieb ihm auf der Insel auch anderes übrig, auf der er ganz auf sich zurückgeworfen war? Seine Äußerungen belegen dabei, wie pragmatisch seine Beziehung zur Geschichte war, etwa als er im Gespräch mit Las Cases im November 1816 auf Alexander den Großen, aber auch Cäsar, den schwedischen König Gustav Adolf und Hannibal zu sprechen kam. »Sie haben immer Erfolg. Ist es so, weil sie einfach Glück haben und auf diese Weise zu großen Männern werden? Nein. Weil sie große Männer waren, haben sie es verstanden, das Glück zu lenken. Wenn man die Gründe ihrer Erfolge untersucht, stellt man fest, dass sie alles getan haben, um diese zu erlangen. Alexander zum Beispiel, kaum der Kindheit entwachsen, hat mit einer kleinen Truppe einen Teil des Erdballs erobert. War das von seiner Seite her ein purer Ausbruch, eine Art Sintflut? Nein. Alles war klug berechnet, wurde mit großer Kühnheit durchgeführt und überlegt geleitet. Alexander erwies sich als großer Feldherr, großer Politiker, großer Gesetzgeber. Als er den Gipfel der Macht und des Erfolgs erreicht hat, verdreht es ihm den Kopf oder verdirbt sein Herz. Angefangen hat er mit der Seele eines Trajan, er endet mit dem Gemüt eines Nero und den Sitten eines dekadenten Kaisers.«

Von da ging Napoleon zu Cäsar über und stellte fest, dieser habe, anders als Alexander, seine Laufbahn erst spät begonnen. Zunächst habe er sich einer müßigen und lasterhaften Jugend hingegeben und schließlich eine äußerst aktive, erhabene und schöne Seele gezeigt. Er hielt ihn für eine der liebenswertesten Gestalten der Geschichte. »Cäsar hat die gallischen Länder erobert und die Gesetze seiner Heimat. Aber verdankte er seine militärischen Erfolge dem Zufall oder dem puren Glück?« Hannibal wiederum schien Napoleon der Kühnste und Erstaunlichste von allen, »so tapfer, so selbstgewiss, so weitdenkend in allen Belangen, der mit sechsundzwanzig Jahren sich Unvorstellbares vornimmt, Dinge, die man für unmöglich hielt, der von allen Verbindungen zu seiner Heimat abgeschnitten, die Gebiete fremder oder feindlicher Völker durchquert, die man bekriegen und besiegen muss, der die Pyrenäen und die Alpen überquert, was als unmöglich galt, der die Hälfte seiner Armee opfert, nur um ein Schlachtfeld zu besetzen und der Italien sechzehn Jahre lang durchquert und beherrscht hat, der das große, mächtige Rom zweimal an den Rand einer Niederlage bringt und der seine Beute nur loslässt, als man, seinem eigenen Beispiel folgend, ihn bei sich zu Hause angreift – soll man glauben, dass er seine Laufbahn und so viele bedeutende Taten nur den Launen des Schicksals und dem reinen Zufall verdankte? Gewiss war er mit einer sehr festen Seele begabt und kannte sich in der Kriegskunst hervorragend aus und zögerte nicht, von seinem jungen Bezwinger herausgefordert, obgleich besiegt, sich in eine Reihe mit Alexander und Pyrrhus zu stellen, die er für die beiden größten Feldherren hielt.«

Alle diese großen Feldherren der Antike, so dozierte Napoleon seinem kleinen Gefolge auf der abgelegenen Insel im Atlantik, hätten die »elementaren und natürlichsten Regeln der Kriegskunst« befolgt, indem sie »eine durchdachte Relation von Mitteln und Zwecken herstellten und ihre Mittel an die zu überwindenden Hindernisse anpassten. Dem allein verdankten sie ihre Erfolge. So haben sie unentwegt aus dem Krieg eine wirkliche Wissenschaft gemacht. Und allein darum sind sie unsere großen Vorbilder. Und nur, indem wir ihnen nacheifern, können wir hoffen, ihnen gleichzukommen.«

Damit war Napoleon an jenem Punkt angekommen, auf den es ihm eigentlich ankam: seinen eigenen Ort in der Geschichte und die Frage, ob er ein Hasardeur gewesen war, der eine Zeitlang Glück gehabt hatte, oder ein strategisches Genie vom Range Cäsars. »Man hat den Großteil meiner Unternehmungen dem Zufall zugeschrieben«, erklärte der gestürzte Kaiser, »und man wird meine Misserfolge gewiss mit meinen Irrtümern begründen. Man wird allerdings erstaunt sein, dass sich in beiden Fällen meine Fähigkeiten und meine Vernunft im Einklang mit meinen Grundsätzen befunden haben.« Las Cases fügte dem hinzu: »Es wäre sehr zu wünschen, dass der Kaiser diesem Gedanken folgt und über seine Feldzüge schreibt. Wie wertvoll wären nicht Napoleons Kommentare!!«

Die Gelegenheit, Las Cases solche Gedanken mitzuteilen, bot sich nicht mehr, denn dieser wurde kaum zwei Wochen später von der Insel verwiesen.

Das hatte er allerdings selber provoziert, da er heimliche

Verbindungen mit Europa aufzubauen versuchte. Sein Manuskript wurde von den Engländern konfisziert, er erhielt nur eine Kopie zurück, das Original schlummerte lange im Archiv der Familie des damaligen Kriegsministers Lord Bathorst, dem Vorgesetzten des Gouverneurs von Sankt Helena. Erst 2016 wurde dieser Ursprungstext in den inzwischen in die British Library überführten Beständen entdeckt. Beim Vergleich mit der Fassung, die Las Cases 1823 als *Mémorial de Sainte-Hélène* erstmals veröffentlicht hatte, sieht man, dass er viele angeblich historische Aussprüche Napoleons erfunden hat. Zudem gibt er im Buch lange Passagen als wörtliche Rede wieder, solch ein Gedächtnis kann kein Mensch haben. Er hatte als Schriftsteller gehandelt, nicht als Zeitzeuge.

Für Napoleons Mutter war dies nachrangig; sie unterstützte Las Cases finanziell, damit er die Gesprächsnotizen von Sankt Helena zu einem Buch vollenden konnte. Er edierte es zunächst auf eigene Kosten. Es erfuhr dann zahlreiche Auflagen und wurde in zahlreiche Sprachen übersetzt, was Las Cases zu einem reichen Mann machte. Zwar veröffentlichten auch andere Schicksalsgenossen ihre Erinnerungen an Napoleon – Heinrich Heine nannte sie spöttisch seine Evangelisten –, doch keine Publikation konnte sich in ihrer Wirkung mit dem Buch von Las Cases messen, das die Napoleonlegende in eine neue Form überführte, deren Nachwirkung bis heute andauert.

Wie stark das *Mémorial* das Bild der Zeitgenossen auf Napoleon prägte, lässt sich besonders deutlich an einem Text ablesen, der in die gleiche Gattung fiel: Johann Peter Eckermanns Aufzeichnungen über seine Gespräche mit Goethe. Darin hielt Eckermann unter anderem eine Unterhaltung mit dem Dichter vom März 1828 fest, in dem sich dieser ausführlich über Napoleon äußerte, den er als dämonisch empfand und bei dem ihn ein »Schaudern vor seiner Erscheinung« überkomme. Dieses »Schaudern« war dabei keineswegs durchweg negativ gemeint. Für Goethe war Napoleon »ein Kerl!« – nämlich »immer erleuchtet, immer klar und entschieden, und zu jeder Stunde mit der hinreichenden Energie begabt, um das, was er als vorteilhaft und notwendig erkannt hatte, sogleich ins Werk zu setzen. Sein Leben war das Schreiten eines Halbgottes von Schlacht zu Schlacht und von Sieg zu Sieg. Von ihm könnte man sehr wohl sagen, dass er sich in dem Zustand einer fortwährenden Erleuchtung befunden, weshalb auch sein Geschick ein so glänzendes war, wie es die Welt vor ihm nicht sah und vielleicht auch nach ihm nicht sehen wird.«

Auf Eckermanns vorsichtigen Einwand, dass Napoleon sich nur so lange in diesem Zustand der fortwährenden Erleuchtung befunden habe, »als er noch jung und in aufsteigender Kraft war«, während ihn in späteren Jahren jene Erleuchtung ebenso wie sein Glück und sein guter Stern verlassen hätten, reagierte Goethe brüsk. »Was wollt Ihr!«, erwiderte er. »Ich habe auch meine Liebeslieder und meinen Werther nicht zum zweiten Mal gemacht. Jene göttliche Erleuchtung, wodurch das Außerordentliche entsteht, werden wir immer mit der Jugend und der *Produktivität* im Bunde finden, wie denn Napoleon einer der produktivsten Menschen war, die je gelebt haben. Ja, ja, mein Guter, man braucht nicht bloß Gedichte und Schauspiele zu machen, um produktiv zu sein, es gibt auch eine *Produktivität der Taten*, und die in manchen Fällen noch um ein Bedeutendes höher steht. – Selbst der Arzt muss produktiv sein, wenn er wahrhaft heilen will; ist er es nicht, so wird ihm nur hin und wieder wie durch Zufall etwas gelingen, im Ganzen aber wird er nur Pfuscherei machen.«

Für Goethe war Napoleon ein Genie, dessen produktive Kraft sich auch in seinem Körper gezeigt habe. »Wenn man von Napoleon gesagt hat, er sei ein Mensch aus Granit, so gilt dieses besonders auch von seinem Körper. Was hat sich der nicht alles zugemutet und zumuten können! Von dem brennenden Sand der syrischen Wüste bis zu den Schneefeldern von Moskau, welche Unsumme von Märschen, Schlachten und nächtlichen Bivouacs liegen da nicht in der Mitte! – und welche Strapazen und körperliche Entbehrungen hat er dabei nicht aushalten müssen! Wenig Schlaf, wenig Nahrung und dabei immer in der höchsten geistigen Tätigkeit! Bei der fürchterlichen Anstrengung und Aufregung des achtzehnten Brumaire ward es Mitternacht, und er hatte den ganzen Tag noch nichts genossen! Und ohne nun an seine körperliche Stärkung zu denken, fühlte er sich Kraft genug, um noch tief in der Nacht die bekannte Proklamation an das französische Volk zu entwerfen. Wenn man erwägt, was der alles durchgemacht und ausgestanden, so sollte man denken, es wäre in seinem vierzigsten Jahre kein heiles Stück mehr an ihm gewesen; allein er stand in jenem Alter noch auf den Füßen eines vollkommenen Helden.«

Die Regierungen der Restauration reagierten auf den fortbestehenden Napoleonkult äußerst nervös und gingen selbst gegen harmlose Formen bäuerlichen Wunderglaubens mit aller Härte vor. Eine tragikomische Episode aus dieser Zeit hat Stendhal in seinem Tagebuch überliefert. In einem friedlichen Dorf des Departements Aube, so lesen wir dort, legte ein Huhn ein Ei, das auf einer Seite seltsam abgeflacht war; beim näheren Hinsehen meinte man, den Abdruck einer Fünf-Francs-Münze mit Napoleons Kopf und dem Kaiseradler zu erkennen. Das sprach sich schnell herum, und die Leute kamen von weither, um dieses Wunder zu bestaunen. Doch auch die Behörden erfuhren davon und nahmen es völlig humorlos, wollten sie doch die Erinnerung an den Kaiser auslöschen. Der Bauer und angeblich auch sein Huhn wurden verhaftet, beide starben im Gefängnis.

Nach der Revolution von Juli 1830 war es mit derlei Repressionen vorbei, die Napoleonlegende entfaltete sich nun ungehemmt, ohne dass man deshalb politische Sanktionen zu befürchten hatte. In Saint Riquier beispielsweise, einem Dorf im Großraum Lille, baute sich 1840 ein ehemaliger Angehöriger von Napoleons Alter Garde, ein sogenannter Grognard (Brummbär), ein Haus, dessen Giebel der typischen Hutform Napoleons nachgebildet war, dem Zweispitz, gekrönt von einer Statue des Kaisers. Dieser Altersitz des Sergeanten Louis Joseph Petit, der in der Schlacht bei Ligny im Juni 1815 verwundet worden war, steht noch heute.

Napoleon und sein Regime würden nicht wiederkehren, doch angefacht von immer neuen Auflagen des *Mémorial* war der Kampf um die Erinnerung für die Restauration verloren. Die Hühnerepisode ist gleichsam Keimzelle dieses Kampfes, der das ganze neunzehnte Jahrhundert in Frankreich prägen sollte; fast jeden zweiten Tag erschien ein neues Buch über Napoleon und sein Empire. Wunderglaube und Popularität und politische Auseinandersetzung kommen hier seltsam zusammen. Der Kampf gegen Napoleon verlagerte sich auf das Feld des Imaginären.

Die neue Monarchie unter dem Bürgerkönig Louis Philippe, die sich nach der Revolution von Ende Juli 1830 etablierte, eröffnete eine Periode gesellschaftlichen und technischen Fortschritts. Einerseits gab sich Louis Philippe väterlich-leutselig und nahm den Stil der späteren Präsidenten der Dritten Republik vorweg, andererseits wurden wesentliche technische Neuerungen in einer fast zensurlosen Presselandschaft umgesetzt, etwa der Zeitungsdruck mit Rotationsmaschinen; auch die Fotografie wurde in dieser Zeit erfunden (weshalb wir unter anderem eine Daguerreotypie von Napoleons Witwe Marie-Louise betrachten können). Mit der Erinnerung an den Kaiser konnte Louis Philippe Geschichtspolitik im großen Stil betreiben und so seine eigene Legitimation absichern.

Spektakulärer Höhepunkt dieser Politik war die Überführung der sterblichen Überreste Napoleons von St. Helena nach Paris im Jahr 1840. Napoleons Mutter hatte schon 1821 den Leichnam ihres Sohnes erhalten wollen, aber eine Überführung wäre eine hochpolitische Angelegenheit gewesen, keine Privatsache. Sie unterblieb deshalb, bis sich Louis Philippe zum Vollstrecker von Napoleons Testament machte, in dem es hieß: »Ich sterbe in der katholischen und apostolischen Religion, in deren Schoß ich vor über fünfzig Jahren zur Welt gekommen bin. Ich wünsche, dass meine Asche am Ufer der Seine ruhen möge, inmitten des französischen Volkes, das ich so sehr geliebt habe.« Dieser Satz steht nun in goldenen Buchstaben neben seiner Grabstätte im Invalidendom, der Kirche der großen Militärakademie in Paris, wo Napoleon einst seine Ausbildung als Offizier erhalten hatte.

Die Formulierung »meine Asche« war missverständlich, blieb aber in diesem Zusammenhang in Gebrauch. Sein Leichnam war nicht eingeäschert worden, denn auf der fernen Atlantikinsel gab es kein Krematorium; man hatte ihn unter einer schlichten Grabplatte an einem stillen Ort nahe einer Quelle begraben, an der er sich gern aufgehalten hatte.

Am 30. November 1840 wurden die Gebeine Napoleons vom Hafen Cherbourg, wo die ganz schwarz angestrichene Fregatte Belle poule (Schöne Henne) unter dem Befehl eines Sohnes des Bürgerkönigs Louis Philippe von Sankt Helena eingetroffen, die Seine aufwärts nach Paris gebracht. Entlang der gesamten Flussstrecke standen oder knieten Veteranen der Großen Armee zu Ehren des toten Kaisers, in Paris drängten sich die Menschen in den Straßen, unter ihnen der Augenzeuge Heinrich Heine, der die Stimmung in einer Mischung aus Mitgefühl und mildem Spott in Verse fasste. »Die Menschen schauten so geisterhaft / in alte Erinn'rung verloren / der imperiale Märchentraum / war wiederheraufbeschworen, / ich weinte an jenem Tag. Mir sind / die Tränen ins Auge gekommen, / als ich den verscholl'nen Liebesruf / das vive l'empereur vernommen.« Der goldene Sarg wurde bei glänzender Sonne zum Invalidendom gebracht, doch dauerte es noch eine Weile, ehe der Bau des Grabmals vollendet wurde; der Sarg wartete unterdes in einer Seitenkapelle.

Auch nach der Überführung von Napoleons Leichnam nach Paris blieb die Grabstelle auf Sankt Helena erhalten, die auf Anweisung der Engländer nach seinem Tod zunächst keinerlei Inschrift getragen hatte, da sie den Kaisertitel nicht anerkannten. 1858 konnte die französische Regierung mit Queen Victoria den Ankauf der Grabstelle sowie von Longwood House durch Frankreich vereinbaren, der früheren Residenz des britischen Gouverneurs, die Napoleon zwei Monate nach seiner Ankunft auf der Insel bezogen hatte. Paris setzte dort einen eigenen Verwalter ein; heute amtiert in dieser Domäne des französischen Staates ein Konsul, gleichsam als »Hüter des leeren Grabes«. Bei Dienstreisen fliegt er von Paris nach Kapstadt und unternimmt von dort die einwöchige Schiffsreise nach Sankt Helena.

Die Überführung der sterblichen Überreste Napoleons förderte den Kult des Kaisers und gab ihm ein spektakuläres und bis in die Gegenwart wirkendes Zentrum, doch beschränkte sich der Bürgerkönig nicht darauf. Er ließ auch den Arc de Triomphe, der bei Napoleons Tod erst halb fertiggestellt war, gemäß der ursprünglichen Konzeption des Kaisers vollenden.

Die Figuren und die Thematik des Reliefs sowie die ausführenden Künstler hatten Louis Philippe und dessen Ministerpräsident Adolphe Thiers selbst bestimmt und sich die Mittel dafür im Parlament besorgt. Thiers war auch ein bedeutender Historiker, nämlich der erste, der die Periode der Revolution und des Ersten Kaiserreichs als Einheit begriff und so eine Bewusstheit für die Kontinuität des französischen Geschichtsepos über alle Brüche hinweg herstellte, wie es noch heute präsent ist und gleichsam eine Linie von den Merowingern bis Charles de Gaulle zieht.

Louis Philippes Bemühungen, sich der Erinnerung an den Kaiser zu bemächtigen und sie für seine Zwecke zu instrumentalisieren, waren allerdings nicht von nachhaltigem Erfolg gekrönt. Das Aufrechterhalten des Kultes in immer neuen Formen trug vielmehr dazu bei, dass schließlich ein anderer Bonaparte an die Macht kam, sein Großneffe Louis-Napoléon, und ein Zweites Empire gründen konnte, ebenfalls eine Diktatur, wenngleich friedlicher, gemildert durch die satirischen Operetten von Jacques Offenbach, in denen auch der Kaiser verspottet wurde. Das in der Napoleonlegende schlummernde politische Programm entfaltete sich dabei erst allmählich. Louis-Napoléon hatte 1840 einen Putschversuch unternommen, der scheiterte, man bestrafte ihn mit Gefängnis, er konnte aber entweichen und nach England fliehen. Nach der Pariser Revolution von 1848 kehrte er in die französische Politik zurück, dieses Mal mit friedlichen Mitteln. Sein schon 1839 erschienenes Buch *Les idées napoléniennes* (Die napoleonischen Ideen) half ihm nun, im Wahlkampf zu triumphieren, angeleitet von seinem politischen Berater Jean-Gilbert Victor Fialin, Herzog von Persigny. Er wurde zunächst Präsident der Zweiten Republik, ehe er sich 1851 zum neuen erblichen Kaiser ausrufen und durch Plebiszit als Napoléon III. bestätigen ließ. Sein Motto lautete »Ordnung, Autorität, Religion, Wohlstand und Frieden«; doch seine Herrschaft endete im Krieg.

Alle Bonapartes wurden 1871, nach dem Ende des Zweiten Kaiserreichs, aus Frankreich verbannt, die Staatsbürgerschaft erkannte man ihnen ab. Die Verbannung wurde erst im Jahr 1950 aufgehoben, auch weil sich einige Nachfahren der Bonapartes während der deutschen Besatzung im Zweiten Weltkrieg der Résistance angeschlossen hatten. Das ganze neunzehnte Jahrhundert hindurch war über Napoleon diskutiert worden, und auch vor dem Ersten Weltkrieg flammte die Diskussion wieder auf. Als es darum ging, die Provinzen Elsass und Lothringen von Deutschland zurückzuerobern, wurde das Vorbild des Kaisers mit seiner aggressiven Expansionspolitik wieder aktuell. Die ultrafranzösische Rechte der Zwischenkriegszeit um die Action Française und den Schriftsteller Charles Maurras jedoch mochte Napoleon nicht, wohl weil er die Judenemanzipation befördert hatte. Auch Marschall Philippe Pétain, dem gefeierten »Helden von Verdun« und späteren Konkursverwalter der französischen Niederlage von 1940, war der Sieger von Austerlitz und Jena nicht geheuer.

Kritische Sicht auf Napoleon

Je ferner die napoleonische Epoche zurücklag und je unbedeutender die politische Stellung des Clans der Bonaparte in der französischen Politik war, desto positiver oder doch zumindest milder geriet das Bild, das von Napoleon gezeichnet wurde. Anstatt den Kaiser der Franzosen zu historisieren, dominierte in der Öffentlichkeit immer stärker seine selbstgeschaffene Legende. Kritische Darstellungen von Napoleon blieben in Frankreich in der zweiten Hälfte des zwanzigsten Jahrhunderts selten; erst der ehemalige sozialistische Premierminister Lionel Jospin veröffentlichte im Jahr 2004 einen Essay mit dem programmatischen Titel *Le mal napoléonien* (Das napoleonische Übel).

Zwar anerkennt Jospin darin die bleibenden Leistungen des Ersten Kaiserreichs auf den Gebieten des Rechts (Code Civil) und der Verwaltungsreform, er zeigt aber auch, dass die Herrschaft mit Zensur und polizeilicher Repression abgesichert wurde und dass weder von Meinungsfreiheit noch von industriellem Fortschritt die Rede sein konnte. Der Kaiser habe nie eine wirkliche Legitimität besessen, sondern seine Macht mit manipulierten Referenden und mit Hilfe einer selbstgeschaffenen Oligarchie gesichert. Alle emanzipatorischen Aspekte der Revolution seien erstickt worden, es galt eine klare Hierarchie im Dienst eines persönlichen Machtstrebens, zudem eine permanente Kriegsanstrengung, wobei die Lasten ungleich verteilt gewesen seien. Die Franzosen waren keine Bürger (citoyens) mehr, sondern wieder Untertanen (sujets). Auch in den Institutionen habe sich Napoleons Abneigung gegen Versammlungen, Parteiungen und freie Willensbildung gezeigt; Frauenrechte waren unerwünscht. Die Sklaverei in den Kolonien der Karibik wurde beibehalten, jeder Aufstandsversuch dort wurde niedergeschlagen.

Jospin wendet sich auch gegen die Ansicht, Napoleon sei eine Art Vater Europas gewesen: Seine Besatzungspolitik, zu der auch umfangreicher Kunstraub für das Museum im Louvre gehörte, erzeugte nationalistischen Hass, entfremdete Polen, Italien und Deutschland von Frankreich und diskreditierte insbesondere zwischen Rhein und Elbe die fortschrittlichen Ideen auf lange Zeit, etwa die bürgerliche Gleichberechtigung der Juden. Napoleon habe weder das eigene noch die anderen Völker emanzipiert. Abgesehen davon sei selbst seine militärische Bilanz desaströs und die Opferzahlen erschreckend hoch gewesen, in Frankreich selbst wie in den Nachbarländern. Niederlagen mussten herabgespielt oder ausgeblendet werden, etwa die Völkerschlacht bei und in Leipzig, die in Frankreich kaum bekannt ist, in Deutschland aber ideologisch überhöht wurde.

Von Napoleon sei daher eine französische Besonderheit geblieben, der Bonapartismus oder das napoleonische Übel, wie Jospin es nennt. Damit meint er ein Regime der uneingeschränkten Machtentfaltung, das nach innen gleichschalterisch und nach außen hegemonial auftritt, mit einer charismatischen Rettergestalt im Zentrum. Nach dem Tod des Kaisers habe die Napoleonlegende ein Zweites Kaiserreich ermöglicht, das sich zwar in eine liberale

Richtung entwickelte, wirklichen Fortschritt ermöglichte und durch ein intensives Bauprogramm (Erweiterung und Verschönerung der Boulevards, neues Abwasser- und Trinkwassersystem) das schöne Paris schuf, das alle Welt bewundert und liebt. Doch weil es ebenfalls in einem militärischen Debakel endete, nämlich 1870/71 im Krieg gegen Preußen-Deutschland, und die Erinnerung an diese Niederlage die an die vorhergehende überlagert, werde es viel strenger bewertet als das Erste Kaiserreich mit seiner gigantischen Blutspur.

Jospin untersucht auch das Nachleben des Bonapartismus. Das Vichy-Regime unter Marschall Pétain bezeichnet er als »Bonapartismus der Niederlage«. Bei General de Gaulle entdeckt er zwar Spuren von Bonapartismus, insbesondere bei dessen Staatsstreich von 1958, sieht aber sonst keine Anzeichen von Bonapartismus bei ihm, bemängelt lediglich eine gewisse autoritäre Versuchung. Ein verklärtes Bild der eigenen Geschichte gehört seit den Anfängen der Dritten Republik zum moralischen Fundament des politischen Systems in Frankreich. Der Napoleonmythos ist ein wesentlicher Teil davon.

Mit seiner Mythenkritik wollte der geborene Protestant und ehemalige Trotzkist sowie einstige Neuorganisator der sozialistischen Partei unter François Mitterrand und Verlierer der Präsidentenwahl von 2002 zu einem aufgeklärten französischen Selbstbild beitragen. »Eine Neubewertung Napoleons konnte Jospin gleichwohl nicht bewirken. Erst im Gefolge der weltweiten Debatten um *Black Lives Matter* und die Sklavenvergangenheit der Afroamerikaner geriet auch Napoleons Wiedereinführung der Sklaverei in der Karibik in den Brennpunkt kritischer Dabatten in Frankreich mit der Folge, dass viele Stimmen offizielle Feiern zum zweihundertsten Todestag des Kaisers ablehnten.«

Danksagung

Schon immer interessierte ich mich für historische Gestalten, die zugleich Legendenfiguren sind. Gerade die französische Geschichte ist reich an solchen Doppelexistenzen, von Jeanne d'Arc bis Charles de Gaulle. So stand auch Napoleon schon lange auf meiner Agenda, das komplexeste Beispiel für das Wirken im realen wie im imaginären Bereich, zu seinen Lebzeiten wie darüber hinaus in der kollektiven Erinnerung mehrerer europäischer Völker. Macht und Mythos gehörten bei ihm immer zusammen, wobei die Verbreitung der Legende auch eine Form organisierter Machtausübung war. In diesem Buch habe ich einige der Züge beleuchtet, die Napoleon als Menschen, Feldherrn und Politiker ausmachen, zu seinen Lebzeiten wie in seinem Nachruhm.

Dieses Buch entstand unter schwierigen gesundheitlichen Umständen; dass ich dennoch in heimischer Umgebung arbeiten konnte, verdankte ich der selbstlosen Pflege durch meine Freundin Christa Kassner, der dieses Buch gewidmet ist, zu dem sie auch inhaltlich beigetragen hat. Darüber hinaus bedanke ich mich bei den Damen und Herren des ambulanten Pflegedienstes Flora (Charlottenburg).

Ferner habe ich zu danken: meiner Lektorin Maria Matschuk, die während meiner Krankheit in ständigem Kontakt mit mir blieb, Herrn Christian Koth vom Aufbau Verlag, der meine Arbeit wohlwollend begleitet und generös unterstützt hat. Dank schulde ich auch meinem Bruder Jürgen Flügge für praktische und materielle Hilfe; ferner bedanke ich mich bei meinen Freunden Mila Ganeva, die mir bei der Beschaffung der Sekundärliteratur half, Bernard Hannotin, Michail Kaljushny, Christine Cazon, Mechthild Gilzmer, Christoph Vormweg und Magdalena Malyszko sowie bei Herrn Prof. Uwe Fleckner (Universität Hamburg) und Robert Colonna d'Istria (Ajaccio). Als sich mein Gesundheitszustand dramatisch verschlechterte, sprang Bert Hoppe ein, um in enger Abstimmung mit mir einen publizierbaren Text zu erstellen. Dafür fühle ich mich ihm sehr verbunden.

Charlottenburg, im Juni 2021.
M. F.

Zeitleiste

1768: Korsika kommt an Frankreich, das die Insel der Republik Genua abkauft.

1769, 15. August: Napoleon wird als Nabulione Buonaparte in Ajaccio geboren, als zweites von acht Kindern, Vater: Charles (Carlo Maria) Buonaparte, Mutter: Letizia Ramolino; sie genießt die besondere Gunst des französischen Gouverneurs Graf Marbeuf, der die Familie unterstützt.

1771: Charles Buonaparte wird als französischer Adliger anerkannt.

1778, Dezember: Der Vater begleitet Napoleon ins burgundische Autun, wo sein Sohn auf dem Kolleg Französisch lernt.

1779, 15. Mai: Napoleon wird dank der Protektion von Marbeuf als königlicher Stipendiat an der Militärschule in Brienne in der Kargen Champagne angenommen. Dort bleibt er bis zum Eintritt in die Pariser École militaire im September 1784.

1785, Februar: Tod des Vaters in Montpellier.

1785, September: Napoleon wird Artillerieleutnant im Regiment La Fère in Valence und ist nun der alleinige Ernährer seiner Familie.

1786, September bis September 1787: Erster Aufenthalt auf Korsika seit 1778, bei dem er seine jüngeren Geschwister kennenlernt. Weitere Besuche auf der Insel folgen.

1788, Juni: Napoleon kehrt nach einundzwanzig Monaten wieder zu seinem Regiment zurück, das in Auxonne stationiert ist.

1789, 14. Juli: Sturm auf die Bastille in Paris. Als Adjutant des Generals lässt Napoleon in Auxonne Truppen gegen die Aufständischen antreten. Im September beantragt er erneut Urlaub von der Armee und reist nach Korsika, wo er das politische Leben mitgestalten will.

1792, September: Frankreich wird Republik. Beginn des ersten Koalitionskrieges gegen Frankreich. Bei Valmy siegen die Revolutionäre überraschend über das Heer der europäischen Mächte.

1793, 21. Januar: Hinrichtung des französischen Königs Ludwig XVI.

1793, Juni: Die Familie Bonaparte muss Korsika nach heftigen Querelen mit den Anhängern des korsischen Nationalhelden Paoli verlassen. Napoleon wird nach fast zweijähriger Abwesenheit wieder in sein Regiment aufgenommen; der Mangel an Offizieren seit der Emigration vieler Adliger verhilft ihm zum Posten des Chefs einer Mörserkompanie.

1793: Napoleon befehligt im Dezember die Vertreibung der englischen Flotte aus der Bucht von Toulon, dem wichtigsten Kriegshafen Frankreichs im Mittelmeer, seine erste Bewährung als Stratege.

1794, 9. August: Nach dem Sturz von Robespierre wird Napoleon als Anhänger der Jakobiner verhaftet, kommt aber am 20. August wieder frei.

1795: Die politische Macht liegt bei dem neu ernannten Direktorium mit Paul Barras an der Spitze.

1795, 5. Oktober: Von Barras zum Militärbefehlshaber von Paris gemacht, schlägt Napoleon einen royalistischen Aufstand nieder, indem er die Aufständischen vor der Kirche Saint-Roch mit Kanonen zusammenschießen lässt. Daraufhin wird Napoleon zum Kommandierenden der Heimatarmee ernannt.

1796, März: Napoleon wird Befehlshaber der Italienarmee. Noch bevor er aufbricht, heiratet er die wohlhabende Joséphine Beauharnais, die ihn sehr gefördert und in die Pariser Gesellschaft eingeführt hat.

1796, April bis April 1797: Beeindruckende Serie von Siegen Napoleons über die österreichische Armee in Italien bei Lodi, Arcole, Mondovi und Rivoli.

1797, 17. Oktober: Napoleon schließt in Campo Formio nach eigenmächtigen Verhandlungen mit Österreich Frieden, was das Direktorium aber duldet, da er reiche Beute macht, die den Direktoren zugutekommt, und er viele Kunstschätze nach Paris schaffen lässt.

1797, Dezember: Napoleon wird Mitglied im Institut de France und in der Akademie der Wissenschaften, in der Sektion Mathematik.

1798, Mai: Napoleon zieht mit einer großen Armee nach Ägypten gegen England. Zu seinem Gefolge gehören fast zweihundert Wissenschaftler, wodurch der Feldzug teilweise den Charakter einer bewaffneten Expedition bekommt, von der wichtige Impulse für die Erforschung der Pharaonenzeit ausgehen.

1799, Juli: Napoleon besiegt in der Schlacht bei den Pyramiden die Truppen des ägyptischen Mamelucken-Königs.

1799, August: Der englische Admiral Lord Nelson vernichtet die französische Flotte in der Bucht von Abukir. Napoleon verlässt Ägypten. Militärisch ein teures Desaster, markiert der gescheiterte Ägyptenfeldzug doch den Beginn seiner Legende; Napoleon selbst zieht Vergleiche mit Alexander dem Großen.

1799, 30. September bis 6. Oktober: Napoleons letzter Aufenthalt auf Korsika. Am 9. Oktober betritt er in der Bucht von Saint-Raphaël wieder das französische Festland.

1799, 16. Oktober: Napoleon trifft wieder in Paris ein. Die Bevölkerung feiert ihn als Retter, drängt ihn, die politische Macht zu übernehmen, da er tugendhafter erschien als die Mitglieder des Direktoriums.

1799, 9. November, achtzehnter Brumaire im Revolutionskalender: Napoleons Staatsstreich in Saint-Cloud. Die politische Macht liegt nun bei den drei Konsuln: Napoleon, Charles-François Lebrun und Jean-Jacques Régis de Cambacérès.

1799, 25. Dezember: Napoleon wird Erster Konsul auf Lebenszeit. Das Streben nach Alleinherrschaft geht einher mit dem Beginn seines großen Reformwerks.

1800, 14. Juni: Mit dem Sieg in der Schlacht von Marengo über die Habsburger Truppen legt Napoleon den Grundstein für den Erfolg Frankreichs im Zweiten Koalitionskrieg.

1800, 24. Dezember in Paris: Attentat in der Rue Nicaise, Napoleon und Joséphine überleben die Explosion einer sogenannten Höllenmaschine neben ihrer Kutsche, die aber unter den Passanten viele Opfer fordert.

1801, Februar: Frieden von Lunéville, Vertrag mit Österreich, das Frankreich das linke Rheinufer zubilligt.

1801, Juli: Unterzeichnung eines Konkordats mit dem Vatikan.

1801, Sommer: Konflikt mit England, das die Insel Malta nicht an Frankreich abtreten will, die Napoleon auf dem Rückweg von Ägypten eingenommen hat. England fordert seinerseits die Räumung von Belgien, Holland und der Schweiz sowie anderer Gebiete, die Frankreich seit 1792 erobert hat, worauf Frankreich nicht eingeht.

1802, März: Frieden von Amiens mit England.

1803, April: Napoleon führt ein neues Währungssystem ein, den Franc Germinal, der bis 1926 gilt.

1803, Juni: Verkauf der französischen Kolonie Louisiana an die USA.

1803, Mai: England verhängt ein Embargo über französische Schiffe.

1804, März: Aus England kommt der monarchistische Verschwörer Georges Cadoudal, der Napoleon ermorden will, er wird in Paris verhaftet und hingerichtet. Fouché sagte: »Die Luft ist voller Dolche!«

1804, 20. März: Napoleon lässt Louis Antoine Henri de Bourbon, Herzog von Enghien, von dreihundert Dragonern aus Deutschland entführen und als angebliches Haupt einer royalistischen Verschwörung in Vincennes hinrichten.

1804, 21. März: Feierliche Verkündung seines bedeutendsten Reformwerks, des Code Civil, später Code Napoléon genannt (bürgerliches Gesetzbuch). Die Hälfte der Paragrafen ist noch heute gültig. Napoleon selbst hatte gesagt: Sein Code werde ewig bleiben.

1804, 18. Mai: Der Senat verkündet die Ernennung Napoleons zum Kaiser der Franzosen.

1804, 2. Dezember: Feierliche Kaiserkrönung (sacre) in der Kathedrale Notre-Dame in Paris im Beisein des Papstes Pius VII. Napoleon setzt Joséphine und sich selbst die Krone auf.

1805, März: Napoleon proklamiert sich zum König von Italien, am 26. Mai setzt er sich in Mailand die »Eiserne Krone« der Lombardei aufs Haupt.

1805, 21. Oktober: Bei Trafalgar siegt die englische Flotte über die französisch-spanische und sichert für lange Zeit Englands Vorherrschaft zur See. Der englische Admiral Lord Nelson findet in der Schlacht den Tod.

1805, 2. Dezember: Am ersten Jahrestag seiner Kaiserkrönung bringt Napoleon im böhmischen Austerlitz Österreich und Russland eine vernichtende Niederlage bei. Diesen vielleicht größten seiner Siege verdankt er einer guten »Lektüre« des Geländes und kluger Gefechtsfeldtaktik. Österreich verliert seine deutschen Provinzen, verzichtet auf territoriale Ansprüche in Italien und Kroatien und wird in Kontinentaleuropa als Hegemonialmacht durch Frankreich ersetzt.

1806, März: Joseph Bonaparte wird zum König von Neapel ernannt, nachdem die Bourbonen von dort vertrieben wurden.

1806, Mai: Louis Bonaparte wird König von Holland; die batavische Republik, die seit 1792 bestand, wird aufgelöst.

1806, Juli: Einrichtung des Rheinbundes aus den mit Napoleon verbündeten deutschen Staaten; daraufhin legt in Wien Kaiser Franz II. die deutsche Krone nieder und ist fortan als Franz I. nur noch Kaiser von Österreich. Damit endet das Heilige Römische Reich Deutscher Nation, das seit dem Jahr 800 bestand, als Karl der Große in Rom vom Papst zum Kaiser gekrönt wurde.

1806, 14. Oktober: Napoleon besiegt zwei preußische Armeen bei Jena und Auerstedt; wenige Tage später zieht er durch das Brandenburger Tor in Berlin ein; die Quadriga wird abmontiert und nach Paris geschafft.

1806, 21. November: In Berlin verhängt Napoleon die Kontinentalsperre gegen England. Staaten, die sich nicht anschließen wollen, werden mit Sanktionen bedroht oder besetzt wie Portugal, wohin Napoleon General Junot mit einer Armee entsendet.

1807, Januar: In Warschau lernt Napoleon Maria Walewska kennen, die seine Geliebte wird.

1807, Februar: Die blutige Schlacht im ostpreußischen Preußisch-Eylau wird von der napoleonischen Propaganda trotz hoher Verluste als Erfolg gefeiert.

1807, 14. Juni: Beim ostpreußischen Friedland besiegen achtzigtausend französische Soldaten unter Napoleons Führung ein sechzigtausend Mann starkes russisch-preußisches Heer, das von General Levin August von Bennigsen befehligt wird.

1807, 25. Juni: Napoleon und der russische Zar Alexander I. beginnen in Tilsit Friedenverhandlungen. Mit Abkommen zwischen Russland und Frankreich (7. Juli 1807) sowie Preußen und Frankreich (9. Juli 1807) wird Osteuropa in eine französische und eine russische Einflusssphäre aufgeteilt.

1807, 22. Juli: Napoleon erlässt eine Verfassung für das Herzogtum Warschau, das aus den von Preußen nach 1795 annektieren polnischen Gebieten gebildet wird. Die polnischen Unabhängigkeitshoffnungen erfüllen sich jedoch nicht, stattdessen untersteht der Satellitenstaat dem König von Sachsen, der wiederum vollständig von Frankreich abhängig ist.

1807, 15. November: Aus Gebieten, die zu Preußen gehörten, wird das Königreich Westphalen mit der Hauptstadt Kassel geschaffen, wo Napoleons Bruder Jérôme als König eingesetzt wird.

1807, Juli: Napoleon kehrt nach siebenmonatiger Abwesenheit nach Paris zurück.

1808, Februar: Französische Truppen besetzen den Kirchenstaat, der sich nicht der Kontinentalsperre anschließen will. Der Papst protestiert und droht mit Exkommunikation des Kaisers.

1808, März: Nach einem Familienzwist am spanischen Hof stellt General Joachim Murat, der auf Befehl Napoleons einen Großteil des Landes heimlich besetzt hat, König Karl unter seinen Schutz.

1808, Mai: Ein Aufruhr in Madrid löst einen Aufstand in ganz Spanien aus, Beginn eines Volkskrieges neuer Art (Guerillataktik), in den bis 1813 anhaltenden Kämpfen werden französischen Truppen große Verluste zugefügt.

1808, 8. Juli: Joseph Bonaparte wird zum König von Spanien ausgerufen, Murat wird dessen Nachfolger in Neapel.

1808, 14. Dezember: Annullierung der Ehe von Napoleon und Joséphine.

1810, 11. März: Stellvertreterhochzeit von Napoleon und der österreichischen Erzherzogin Marie-Louise in Wien. Am 1. April wird das Paar zivilrechtlich in Saint-Cloud getraut.

1811, 20. März: Geburt des Königs von Rom, des Sohnes von Napoleon und Marie-Louise.

1812, Frühjahr: Napoleon konzentriert im Großherzogtum Warschau eine sehr große Streitmacht für einen Krieg gegen Russland. Unter seinen Soldaten sind viele Deutsche, Polen und Schweizer.

1812, 24. Juni: Die ersten Einheiten der Grande Armée überschreiten den Grenzfluss Memel.

1812, 7. September: Napoleon siegt in der Schlacht bei Borodino, wodurch der Weg in die russische Hauptstadt frei ist.

1812, 14. September: Französische Truppen besetzen Moskau, das von den Russen gezielt in Brand gesetzt worden ist. Rund einen Monat später ordnet Napoleon den Rückzug nach Westen an, der im Chaos mündet.

1812, Oktober: In Paris wird ein Putsch gegen Napoleon vereitelt.

1812, 5. Dezember: Napoleon verlässt die Armee, am 19. Dezember verkündet ein Salutschuss aus den Kanonen der Invalides die Rückkehr des Kaisers.

1813, 17. März: Preußen, das sich mit Russland verbündet hat, erklärt Frankreich den Krieg.

1813, Juni: Österreich wechselt in das Lager der Alliierten, zu dem auch Schweden und England gehören. Nach dem Scheitern des Friedenskongresses von Prag erklärt Österreich Frankreich den Krieg.

1813, 16. – 19. Oktober: Die größte Schlacht der Befreiungskriege bei Leipzig endet mit einer Niederlage Napoleons. (Bereits drei Monate nach den für alle Seiten verlustreichen Kämpfen kam der Begriff »Völkerschlacht« auf.) Die französischen Truppen ziehen sich hinter den Rhein zurück.

1814, 30. – 31. März: Russen und Preußen besetzen Paris. Napoleon dankt am 6. April in Fontainebleau ab. Als künftiger Aufenthaltsort wird ihm die Insel Elba zugewiesen.

1814, 3. Mai: Die englische Fregatte Undaunted mit Napoleon an Bord erreicht den Hafen der Inselhauptstadt. Am folgenden Tag erfolgt die zeremoniöse Ausschiffung des Kaisers.

1815, 26. Februar: Napoleon entweicht mit einer kleinen Flottille von Elba. Am 1. März geht er in dem kleinen Fischerdorf Golfe Juan bei Antibes an Land. In einem spektakulären Triumphzug kehrt er zurück nach Paris, wie schon bei der Rückkehr aus Ägypten.

1815, 20. März: Napoleon übernimmt wieder die Macht; Beginn der sogenannten Hundert Tage, der letzten Phase seiner Herrschaft mit einer liberalen Verfassung, geschrieben unter dem Einfluss von Benjamin Constant.

1815, 18. Juni: Die Niederlage in der Schlacht bei Waterloo zwingt Napoleon zur endgültigen Abdankung am 22. Juni. Er begibt sich in Gefangenschaft der Engländer, die ihn auf die Atlantikinsel Sankt Helena deportieren.

1821, 5. Mai: Napoleon stirbt auf Sankt Helena.

1840, 15. Dezember: Napoleons sterbliche Überreste werden in einem Sarkophag im Invalidendom beigesetzt.

Literaturauswahl

Branda, Pierre: Joséphine. Le Paradoxe du cygne. Paris 2016.

Branda, Pierre: La saga des Bonaparte. Du XVIIIe siècle à nos jours. Paris 2018.

Blaha, Walter: Napoleon in Erfurt. Erfurt 1991.

Bonaparte, Napoleon: Liebesbriefe an Désirée, Joséphine, Maria und Marie-Louise. Berlin 2009

Bonaparte, Napoleon: Maximen und Gedanken. Ausgewählt und mit einem Vorwort von Honoré de Balzac. Berlin 2010.

Boudon, Jacques-Olivier: Grand homme ou demi-dieu ? La mise en place d'une religion napoléonienne. In: Romantisme 1998, Nr. 100. Le Grand Homme. S. 131–141.

Chaillou, David: Napoléon et l'opéra. La politique sur la scène 1810–1815. Paris 2004.

Dayot, Armand: Napoléon raconté par l'image, d'après les sculpteurs, les graveurs et les peintres. Paris1895.

Dutourd, Jean: Le Feldmaréchal von Bonaparte. Considérations sur les causes de la grandeur des Français et de leur décadence. Paris 1996.

Flügge, Manfred: Figaros Schicksal. Das Leben des Pierre-Augustin Caron de Beaumarchais. München 2001.

Gallo, Max: Napoleon. Roman in vier Büchern. Berlin 2002.

Grünes, Andreas: Napoleonbilder in Literatur und Karikatur. Simultane Mythenbildung zwischen Revolution und Restauration. Marburg 2010.

Gueniffey, Patrice: Bonaparte 1769–1802. Paris 2013.

El Hage, Fadi: Napoléon historien. Paris 2016.
Hazareesingh, Sudhir: La légende de Napoléon. Paris 2005.
Huneke, Volker: Napoleons Rückkehr. Die letzten hundert Tage – Elba, Waterloo, St. Helena. Stuttgart 2015.

Kaiser, Reinhard: Der glückliche Kunsträuber. Das Leben des Vivant Denon. München 2016.
König Lustik!? Jérôme Bonaparte und der Modellstaat Königreich Westphalen. München 2008.

Las Cases, Emanuel de: Le Mémorial de Sainte Hélène. Préface de Jean Tulard. Paris 1968.
Lentz, Thierry: Bonaparte n'est plus! Le monde apprend la mort de Napoléon. Juillet – septembre 1821. Paris 2019.
Lentz, Thierry (Hg.): Le Mémorial de Sainte Hélène. Le Manuscrit retrouvé. Paris 2018.
Lentz, Thierry: Napoléon. Dictionnaire historique. Paris 2020.
Larousse, Pierre: Napoléon. Paris 2002 (zuerst im Dictionnaire Larousse du 19e siècle).

Masson, Friedrich (i. e. Frédéric): Napoleon I. zu Hause. Hannover 2020 (Erstausgabe Leipzig 1895).
Mauduit, Xavier: L'homme qui voulait tout. Napoléon, le faste et la propagande. Paris 2015.
Maurois, André: Napoleon. Mit Selbstzeugnissen und Bilddokumenten. Reinbek 1993.
Monheim, Annette: Ein Westfale in Paris. Die Tagebücher des Ludwig Grafen von Bentheim-Steinfurt aus den Jahren 1806/1807. Münster 1997.
Müchler, Günter: Napoleon, der Revolutionär auf dem Kaiserthron. München 2018

Napoleon und Europa. Traum und Trauma. München u. a. 2010.

Pigault, Nathalie: Les faux Napoleon. Histoires d'imposteurs impériaux. Paris 2018.

Platthaus, Andreas: 1813. Die Völkerschlacht und das Ende der alten Welt. Berlin 2013.

Redslob, Edwin: Goethes Begegnung mit Napoleon . Baden-Baden 1954.

Rouart, Jean-Marie: Napoléon ou La destinée. Paris 2012.

Seibt, Gustav: Goethe und Napoleon. Eine historische Begegnung. München 2008.

Sollers, Philippe: Le cavalier du Louvre. Vivant Denon (1747–1825). Paris 1995.

Stendhal: Denkwürdigkeiten über Napoleéon. Fragmente. Zürich 1981.

Stirling, Monica: Madame Mère. Letizia, Mutter Napoleons. Tübingen 1963.

Stresemann, Gustav: Goethe und Napoleon. Berlin 1924

Tarlé, Eugen: Napoleon. Leipzig 1961.

Tulard, Jean: Le mythe de Napoléon. Paris 1971.

Tulard, Jean: L'anti-Napoléon. La légende noire de l'empereur. Paris 2013 (Erstauflage Paris 1965).

Tulard, Jean: Napoléon ou le mythe du Sauveur. Paris 1977.

Ullrich, Volker: Das erhabene Ungeheuer. Napoleon und andere historische Reportagen. München 2008.

Wairy, Louis Constant: Napoleon I. nach den Memoiren seines Kammerdieners. Hannover 2020 (Erstauflage Leipzig 1904).

Wehinger, Brunhilde (Hg.): Germaine de Staël. Eine europäische Intellektuelle zwischen Aufklärung und Romantik. Berlin 2019.

Willms, Johannes: Napoleon. Eine Biographie. München 2005.

Willms, Johannes: Der Mythos Napoleon. Verheißung – Verbannung – Verklärung. Stuttgart 2020.

Zamoyski, Adam: Napoleon. Ein Leben. München 2018.

Abbildungsverzeichnis

Abb. 1 © gemeinfrei/Wikimedia Commons/Eugène Isabey
Abb. 2 © akg-images/arcaid/Nigel Corrie
Abb. 3 © akg-images/Fototeca Gilardi
Abb. 4 © gemeinfrei/Wikimedia Commons/Louis-François, Baron Lejeune
Abb. 5 © akg-images/De Agostini Picture Lib./G. Dagli Orti
Abb. 6 © gemeinfrei/Wikimedia Commons/Fredric Westin
Abb. 7 © mauritius images/The Picture Art Collection / Alamy
Abb. 8 © gemeinfrei/Wikimedia Commons
Abb. 9 © gemeinfrei/Wikimedia Commons/Jacques-Louis David
Abb. 10 © gemeinfrei/ Wikimedia Commons/Eugène Delacroix
Abb. 11 © gemeinfrei/Wikimedia Commons/Adolphe Roehn
Abb. 12 © gemeinfrei/Wikimedia Commons
Abb. 13 © gemeinfrei/Wikimedia Commons/Louis-Léopold Boilly
Abb. 14 © IMAGO / Leemage
Abb. 15 © Von Patrice78500 – Eigenes Werk, CC BY-SA 4.0, https://commons.wikimedia.org/w/index.php?curid=74315965
Abb. 16 © Mondadori Portfolio / Kontributor
Abb. 17 © gemeinfrei/Wikimedia Commons
Abb. 18 © akg-images / VISIOARS
Abb. 19 © gemeinfrei/Wikimedia Commons/Antoine Jean Gros
Abb. 20 © gemeinfrei/Wikimedia Commons/Jacques-Louis David
Abb. 21 © gemeinfrei/Wikimedia Commons/Antoine Jean Gros
Abb. 22 © gemeinfrei/Wikimedia Commons/Jean-Auguste-Dominique Ingres
Abb. 23 © ullstein bild – Liszt Collection

Abb. 24 © gemeinfrei/Wikimedia Commons/James Gillray

Abb. 25 © SZ Photo

Abb. 26 © Münchner Stadtmuseum, Sammlung Angewandte Kunst

Abb. 27 © gemeinfrei/Wikimedia Commons

Abb. 28 © Reuters/Charles Platiau

Abb. 29 © Interfoto

Abb. 30 © gemeinfrei/Wikimedia Commons